日本人的做法

日本人的做法

徐靜波 著

中和出版
OPEN PAGE

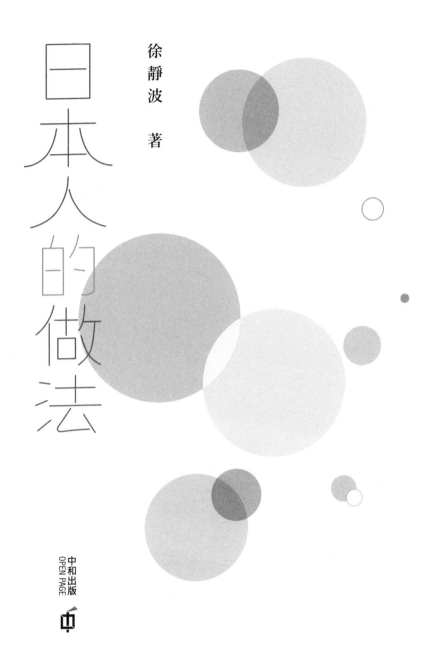

自序

日本到底是一個甚麼樣的國家

二〇一七年十二月二十三日，我去了日本皇宮。這一天，是日本天皇的生日。

日本國民，還有在日本的外國人，一年中有兩次機會走過二重橋走進皇宮，直接參賀天皇和皇后。除了天皇生日，還有每年的一月二日，是向天皇朝賀新年。

這兩天，天皇和皇后都會帶領皇太子夫婦等皇室主要成員，分幾次在新宮殿的走廊裡，隔著玻璃向前來祝賀的人們揮手，並發表簡短的賀詞。

二〇一七年的天皇生日，擁入皇宮的人數達到五萬二千餘人，比上一年增加了一萬多人。為甚麼會有這麼多人前去參賀天皇？因為天皇即將退位。

至少在明治時代以來，日本沒有出現過天皇「生前退位」的事情。但是，當今的明仁天皇為何執意要「生前退位」呢？首先，天皇已經感到自己體力不支。我去國會採訪時，有機會從國會的正門進入議事堂，這棟建於大正時代的建築，從正門開始到天皇專用的休息室，共有幾十級台階，而且沒有電梯。每次國會開幕時，天皇都要蒞臨致辭，爬這些台階，對於一位八十四歲的老人來說，是一種折磨。其次，是皇位繼承的問題遇到了麻煩。天皇與皇后生了兩個兒子和一個女兒，大兒子德仁皇太子和雅子妃結婚後，只生了一個女兒。而小兒子秋筱宮文仁生了兩個女兒後，紀子妃以四十歲高齡又生了一個兒子悠仁。按照皇室典範，皇太子繼承皇位後，要立自己的子女為新皇太子。但是德仁皇太子只有女兒，沒有兒子。在皇位傳男不傳女的傳統中，整個皇室唯有德仁皇太子的侄子悠仁，才最有資格在將來繼承皇位。但是，一方面，悠仁還是一名十一歲的小學生；另一方面，立侄子做皇太子，德仁皇太子的女兒就沒有機會成為英國女王式的人物。為避免在自己離世後出現骨肉相爭，明仁天皇用這種提前讓位的方式來規劃皇位傳承的新秩序，以維持皇室香火的傳承。

因此，對於許許多多日本人來說，日本開始進入了一個改朝換代的時期。明仁天皇將在二〇一九年四月三十日退位，而第一百二十六代日本天皇將在五月一日登基即位。

明仁天皇是在一九八九年即位，年號「平成」，因此，一九九〇年代出生的人，日本都稱之為「平成一代」，而不是「九〇後」。平成一代的人，最年長的已近三十歲，對於他們來說，「平成年代」是一個不幸的年代。一九九〇年，日本持續了二十多年高速發展的經濟，由於泡沫巨大而崩潰，日本社會一下子從欣欣向榮的時代跌入危機四伏的時代。數著小錢過日子的「平成一代」，與買房買車過上中產生活的中國「九〇後」一代，正好形成了一個天大的反差。

失業人口增多，工作難以帶給人們安全感，男人將情緒帶到婚姻生活中，致使無性婚姻在日本家庭中比重增大，一部分在婚姻生活中得不到慰藉的女性開始走向社會，使得「平成時代」的日本社會出現了嚴重的「少子化」問題。而日本人的平均壽命，由於全民定期體檢制度的建立與醫學技術的進步，連續多年創下了世界最高紀錄。老年人越來越多，年輕人越來越少，日本舉國上下開始擔憂未來。

經過二十多年的超低空飛行，日本人開始渴望崛起。尤其是在鄰居中國日益強大的背景下，當慣了「亞洲第一強國」的日本，開始產生極大的危機感。「日本復活」的突破口在哪裡？日本人很迷茫，這種迷茫導致日本政治陷入長時期的混亂，而經濟也一直未能找到振興的起爆劑，國家財政每年靠發行國債度日。安倍晉三的出現，令日本國民產生了一種希望。他們渴望安定、渴望強大、渴望富裕，於是安倍首相給了大家一貼安魂藥。在過去五年的執政中，安倍做了兩件事：一件是讓日元貶值，貶值的結果使得日本「兩頭在外」的眾多大企業均出現了扭虧為盈，日子開始紅火。雖然員工的薪水沒增加多少，但是已經很少聽到有企業因發不出工資倒閉的消息，東京股市日經指數在五年中從八千點猛漲到二萬三千點，創下了泡沫經濟崩潰以來二十五年間的最高值。

另一件事，是擴充軍備，謀劃修憲。安倍與他的支持者們一直對於戰後制定的憲法耿耿於懷，認為是當年的美國佔領軍強加給日本的一部屈辱的憲法。尤其是「專守防衛」的原則，令二十五萬人的日本自衛隊變成了一支名不正言不順的「武警」，難以成為標準的國家軍隊。在美國的默認下，安倍政權目前依靠「中國威脅論」和「朝鮮威脅論」，不僅實現了防衛經費的年年遞增，創下了戰後最高的預算紀錄，而且憑藉在國會中佔據多數議席的優勢，輕而易舉地突破了「專守防衛」的原則，未經國會審議批准，直接以「內閣決定」的方式，購買射程一千公里以上的中程巡航導彈，打造航空母艦，建設可以轉戰地球背面的強大的軍隊。

而這種超乎常規，甚至有違憲之嫌的做法，卻沒有一種政治與社會力量予以阻擋，更多的，是得到了一些渴望國家強大的國民的支持，甚至有許多人支持安倍對憲法進行修改，讓自衛隊成為一支「合憲」的國防軍，讓日本成為走出戰敗陰影，成為一個「正常國家」。

這就是當今日本這個國家的現實。

在二〇一七年即將結束的那兩週，我應邀在日中關係學會、日本科學者聯盟等機構連續做了四場講演，講甚麼內容呢？講中共十九大與「一帶一路」倡議。日本企業從來沒有像現在這樣密集關注過中國新政治體制的願景和「一帶一路」倡議。「一帶一路」是甚麼？中國目的何在？AIIB銀行是不是中國的銀行？參加「一帶一路」對日本有甚麼好處？日本企業該如何參與「一帶一路」倡議？與會的日本企業家和學者們提出的一系列問題，反映出日本社會對於參與中國提倡的這一戰略構想的濃厚興趣。

為甚麼日本經濟界對於「一帶一路」開始產生參與的興趣？主要原因在於，日本產業開始進入一個調整期，傳統的家電等製造產業被全部拋棄，而高智能化的AI等新產業還處於孕育期，日本經濟再出現爆發式成長，至少還需要三到五年的時間。而中國製造業雖然還處於一個徘徊期，但是互聯網經濟成為新經濟新產業的支撐點。「一帶一路」倡議到底能夠給日本帶來甚麼機遇？日本產業如何進行預期性配套？如何避免與中國的無序競爭，尋求在第三方市場的良性合作？這是日本政府和企業關注「一帶一路」倡議的核心焦點。有了這一核心焦點，我們有理由相信，中日關係近年將會出現相向而行的重大轉機。

在此背景下，對於許多中國人來說，進一步了解日本，獲知他們的所思所想，甚至行事習慣與規則，對於如何與日本人打好交道，自然是十分重要的。繼《靜觀日本》《日本人的活法》之後，我推出第三本介紹日本的書《日本人的做法》，期望通過一些具體的事例，提供給大家一種別樣的了解日本的渠道。並非學術之作，能成為大家靜閒之時的消遣讀物，將不勝感激。

徐靜波

二〇一八年元月於東京赤坂

目錄

政治的事

關乎經濟

社會有話

微觀文化

政治的事

田中角榮訪華時為何擔憂遭暗殺

北京人民大會堂我進過上百次，坐下來吃飯，還是頭一回。

二〇一七年九月八日晚，中國人民對外友好協會與中日友好協會在人民大會堂金色大廳舉行紀念中日兩國恢復邦交正常化四十五周年招待會。這是相隔十年，在人民大會堂再次舉行這一紀念活動，充分顯示了中國政府對於進一步改善與發展中日關係的重視。

我有幸獲邀，並因此見到了長期以來為中日友好奔走的兩國前輩。

在這次招待會上，有兩位特殊的嘉賓成了焦點人物。一位是周恩來總理的侄女周秉德大姐，另一位是日本前首相田中角榮的女兒田中真紀子女士。四十五年前，田中角榮訪華，與周總理簽署了《中日聯合聲明》，正式宣告兩國恢復邦交正常化。兩位偉人已故，他們的後人，自然受到大家的尊重和親近。

主辦方特別安排了一個內容，請周秉德和田中真紀子發言，回憶她們所知的兩國恢復邦交正常化的故事。

在周秉德發言之後，田中真紀子拿了一大疊資料走上講壇。她告訴大家，今天來到人民大會堂，不是自己一個人來的，而是帶了爸爸媽媽的魂一起走進這棟當年父親與周總理舉行會談的大會堂。她向大家展示了自己手上戴的一塊舊式的手錶，這塊手錶是父親當年訪問北京時戴的錶。她又指了指自己身上穿的這套衣服，告訴大家這是用母親生前最喜歡穿的一件和服改製的，還特別繡了花邊。

田中真紀子的這番表述，令金色大廳的氣氛驟然有了一份歷史沉重感。而田中真紀子回憶父親出發前來中國的幾個細節，令人動容。

田中角榮出身於日本東北地區的稻米產區新潟縣的貧寒農家，最初的文化程度，只是小學畢業。一九三四年，十六歲的田中角榮孤身一人來到東京謀生，先後當過建築公司學徒、貿易商行卸貨送貨員和《保險評論》雜誌實習記者。這期間，他白天上班，晚上到私立中央工學校學習，憑著堅韌的毅力，拿到了該校土木科畢業文憑。日本發動侵華戰爭後，田中被徵入伍，並被派到中國的東北（當時的滿洲）當了騎兵。不久，他得了肺炎，被送回日本治療，次年退伍。田中真紀子因此在招待會上說，父親最感到欣慰的是「沒有殺過一個中國人」。

田中角榮退伍後，在東京的飯田橋成立了一家建築公司，憑藉他自己的努力，公司越做越大，他因此也與日本政界有了交往。一九四七年，田中角榮競選眾議院議員並一舉當選。此後當過自民黨幹事長、郵政大臣、大藏大臣、通商產業大臣，並在一九七二年七月七日，當選為第六十四任日本首相。

周秉德在致辭時，說了一句話：田中角榮先生為了恢復中日邦交正常化，做得很不容易。他擔任首相才八十四天，就衝破重重阻力，踏上了北京之路。

那一天，是一九七二年九月二十五日。

田中真紀子是田中角榮唯一的女兒，而且在美國留過學，擔任過日本外務大臣。

田中真紀子在致辭時說：「爸爸曾經跟我說過一句話：『真紀子，爸爸走到哪裡，就要把你帶到哪裡，讓你看夠世界。』」爸爸說到做到，無論是做大臣還是任首相，出國訪問時都帶著女兒。但是，當田中角榮決定訪問中國時，找真紀子談了一次話，告訴她：「爸爸這次決定不帶你去北京了，因為爸爸這次感覺到有危險，做好了犧牲的準備。」

真紀子說，當時日本國內反對中日恢復邦交正常化的聲浪很高，尤其是右翼勢力十分猖獗，幾次對田中角榮進行人身威脅。而日本當時對於「紅色中國」知之甚少，加上「文化大革命」的陰影，對於安全問題也頗有幾分擔憂。

在出發去北京的早晨，從家門口到羽田機場的目白大道上，右翼的宣傳車堵住了路，各媒體的採訪直升機在他家的屋頂上盤旋。「臨上車前，爸爸特地抱了抱我的兒子，對孩子說，外公要去北京辦一件大事。孩子當時才兩歲，問外公，北京在哪裡？爸爸指一指天空，說在天空的那一邊。爸爸最後對孩子說，希望外公能平安回來再抱你玩。說完，爸爸就上車走了。」

真紀子沒有隨父親去北京，但是被NHK電視台請到了演播廳做嘉賓。對於田中角榮的這次訪華，NHK做了現場直播。「真的，我一直提心吊膽，不知道中國會怎樣對待爸爸。但是當專機抵達北京機場，爸爸走下舷梯時，我看到電視直播畫面，周恩來總理伸出了手，一個特寫鏡頭，兩人的手緊緊地握在一起，那一刻，機場奏起了中國國歌，我流了眼淚。」真紀子說，爸爸的秘書不斷地給家裡打電話報告訪問情況，得知周恩來總理為了適應爸爸的作息時間，特意改變了晚上工作上午睡覺的習慣，配合爸爸早起的習慣，而且還事先了解爸爸的生活習慣、安排愛吃的東西，我徹底放心了。

周秉德大姐又補充了一個細節。田中角榮抵達北京後，被安排入住在釣魚台的第十八號樓。一天，周總理到十八號樓看望田中角榮，看到周總理因左臂受傷穿風

衣不便，於是拿起風衣給周總理穿上，周總理感到很不好意思說：「您是客人啊，怎麼可以麻煩您呢。」田中角榮說：「您安排我入住十八號樓，我就是這裡的主人，請讓我能為您服務。」周秉德大姐說：「在正式的場合，雙方彼此有爭論，但是兩位領導人有很多令人感動的交往，最終克服了種種障礙，達成了《中日聯合聲明》。」

中日兩國恢復邦交正常化的談判一度陷入困難境地，尤其是在對於侵華歷史的表述問題上，田中角榮使用「添了麻煩」這樣輕描淡寫的說法，遭到了周恩來總理的嚴厲批評。周總理嚴肅地指出：「日本軍國主義發動的侵略戰爭給中國人民帶來了沉重的災難，日本人民也深受其害；您只說『添麻煩』就了事了？用『添麻煩』一詞作為對過去的道歉，中國人民是不能接受的。」

雙方意見對立，談判陷入僵局。「當時有人想放棄，跟我爸爸說，談不下來了，我們回國吧，等下次再談，」田中真紀子回憶說，「但爸爸喝了不少中國白酒，說睡一覺，第二天醒來一定會有智慧。」結果，經過雙方的真誠努力，《中日聯合聲明》中最後在歷史問題上是這樣表述的：「日本方面痛感日本國過去由於戰爭給中國人民造成的重大損害的責任，表示深刻的反省。」

田中真紀子最後說，在《中日聯合聲明》中日本政府第一個作出了「承認中華人民共和國是唯一代表中國的合法政府」的承諾，這一承諾，為以後中國與他國樹立外交關係提供了一個範例。但是她強調說，最令爸爸感動的是周恩來總理宣佈中國政府放棄對日本的戰爭賠償要求。「這是很了不起的事，當時爸爸聽了周總理的話，對周總理產生了敬仰。後來兩人同坐一架專機飛往上海訪問。」田中真紀子說。

九月三十日，結束中國的訪問之後，田中角榮返回東京。家裡做了田中喜歡吃的飯菜等著他，但是就是遲遲沒有看到他回來。直到深夜，秘書打來電話，告知田中角榮被自民黨國會議員們劫持到了自民黨總部，要他說清楚在北京的一切，並認為他與中國恢復邦交正常化，是一個賣國賊，要求他切腹自殺。

後來，田中角榮回到家裡，對女兒說的第一句話是：「這次我做了一件很後悔的事，應該帶你去中國。毛澤東、周恩來這些中國領袖們的人格魅力太令人驚歎了。」

田中角榮還留給女兒一句話：「現在大家不理解，但是再過五十年，再過一百年，大家一定會覺得中日友好是大幸，會認為我的決斷是正確的。」

東京都前知事為何住地下室吃方便麵度日

東京都知事的官有多大？第一，他是日本首都的最高行政長官；第二，他指揮著四萬東京警視廳警察部隊；第三，他手中的GDP佔據了日本全國的三分之一。所以，有人說，東京都知事就是日本半個首相。

東京都知事是競選的，不是任命的。石原慎太郎的嘴是比較臭，但是政治手腕還是不錯，自從當上東京都知事後，一當就當了四屆，前後十三年，如果不是他野心勃勃想在晚年最後一搏問鼎日本首相寶座的話，石原說不定現在還是東京都知事。

石原在二〇一二年提前辭職，他扶植了自己的副手——東京都副知事豬瀨直樹參加競選，並順利成為他的接班人。豬瀨是作家出身，他在任期間做得最輝煌的一件事，是贏得了東京都二〇二〇年奧運會的主辦權。但是，因為從有利益關係的醫療團體德州會「借了」五千萬日元（約三百萬元人民幣）涉嫌受賄，結果在輿論的猛烈追擊下，豬瀨被迫辭職，而辭職之前，他的夫人剛剛病逝。雖然檢察院最終沒有起訴他，但是他名聲掃地，難以東山再起。

誰來接替東京都知事這個香噴噴的職位？已是日本首相的安倍，特別扶助了厚生省前勞動大臣舛添要一參加競選。

安倍首相為何會選擇舛添要一競選東京都知事？因為舛添要一是個不平凡的人，他畢業於東京大學法學部，並娶了東大第一美女片山皋月為妻（最終沒完全搞定，中途離婚）。先後在巴黎大學和日內瓦大學做研究員。回國後出任東京大學副教授，經常在電視上擔任政治與經濟評論員，精通六國語言，在日本社會的知名度極高。為了照顧患癡呆症的母親，他放棄升任東京大學教授的機會，趕回老家服侍母親長達三年之久，直到母親去世，被譽為「平成大孝子」。

一九九九年，舛添要一首次參加東京都知事競選，結果敗在石原慎太郎手下。二〇〇一年，他當選為參議院議員，先後擔任過參議院外交防衛委員長、厚生勞動大臣，二〇一〇年，組建改革新黨，並當選為黨主席。二〇一四年二月，在安倍首相和執政的自民黨的支持下，舛添要一舉當選為東京都知事，實現了自己的夢想。

成為日本首都的最高行政首長後，舛添要一第一次出訪海外，就去了中國北京，修復因石原慎太郎反中情緒下中斷的兩市友好姐妹關係。

當了東京都知事後，舛添要一的感覺完全變了。他去海外訪問，往往要住五星級超豪華酒店，飛機必坐頭等艙，因此上任不到一年，被批浪費東京都民稅金。同時他被發現以開會的名義帶家屬入住酒店，使用公務車往返自己的別墅，被批公私不分。

就這麼一點點事，本來是釀不成辭職風波，但這個書生是腦子搭錯，凡事都與自己的顧問律師協商，幾乎都是按照顧問律師提供的建議在記者會上辯解。結果，記者感覺其缺乏誠意，民眾感覺受到欺騙。

一個政治家或官員，一旦被媒體盯上，後果往往是很糟糕的。舛添要一平時也不跟各大媒體的編輯局長或論說委員長們套點近乎。因此，這些細碎的醜聞被《週刊》雜誌曝光後，開始時舛添要一根本不在意，因為他覺得自己有足夠的理由來進行辯解，比如為了維護日本國首都最高行政長官和東京都政府的聲譽，知事坐飛機必須坐頭等艙。而在五星級酒店裡入住豪華套間，是為了便於會見相關國家的政要人物。

但是不管你有千萬條理由，老百姓的說法只有一條：你對我們繳納的稅金太大手大腳了！

舛添要一遭到媒體的圍攻。二〇一六年六月，在輿論的猛烈批判下，舛添要一被迫辭職。此後，消失在公眾的視野裡。

在二〇一七年八月十七日播放的TBS電視台節目中，舛添要一消失後首次露面，被問到「這一年你都去哪裡了？」他坦承自己是借了一間地下室作為自己的辦公室，整天埋頭看書，不願意與外界接觸。由於找合適的工作比較困難，每個月的收入只有所屬經紀公司支付給他的十一萬日元（大約七千元人民幣），而這筆錢，他需要負擔包括妻子和兩個年幼孩子在內的一家人的生活，因此不得不每月從銀行的存款中提取部分錢以充當自己的生活費，眼看著存款的數字一天天減少，他開始內心發慌。所以，為了節約開支，每天中午他就在地下室裡吃一百日元（約六點五元人民幣）的方便麵充飢，另外在自己家裡種些蔬菜。

舛添要一表示，為了能夠讓孩子好好上學，自己必須重新工作，希望能夠重拾舊業，擔當電視節目嘉賓，以賺取生活費用養家糊口。

日本對於官員的監督，最主要的就是仰仗於輿論，使得官員的一切都暴露在陽光底下。官員一旦有私心雜念，便會斷送自己的前程。日本社會民眾對於吃稅金的人，不管其地位多高，一律是「零容忍」！昔日權傾一時的東京都知事，就因為一些面子和蠅頭小利，失去了本該輝煌的人生。舛添要一的一聲歎息，對於他人來說，都是一聲警鐘！

怎樣才能當上日本首相

日本有一位專門負責二〇一一年東北大地震災後重建的「復興大臣」，名叫今村雅弘，今年七十歲。前幾天，他在會見記者時說了一句話，稱「幸虧這次地震發生在東北地區」，並稱災民在遭受核輻射的背景下背井離鄉躲走他處與政府沒有太大的關係，完全取決於個人的決定。

這一言論激起了東北地區災民極大的憤慨，也遭到了輿論和在野黨的追究。死扛了近一個月，今村在執政的自民黨的酒會上，終於宣佈引咎辭職。

有人說：「當官當到大臣的位子，實在不易，就因為一句話丟了帽子，實在可惜。」但是，日本內閣府的幹部們不這麼想，他們認為，誰來當大臣都是一樣，因為大臣（政府部長）在日本的國家管理體制中，永遠只是一個「流水的兵」。

為甚麼這麼說？因為日本社會有一個管理國家的官僚集體，也就是我們通常所說的公務員，他們才是國家管理體制中的「基石」。也就是說，日本國家的管理體制，由兩部分人組成，一部分是雷打不動的官僚隊伍，另一部分是今天上台也許明天就可能下台的政治家隊伍，就像今村先生。

日本的公務員分為國家公務員和地方公務員，國家公務員只服務於中央機關，而地方公務員只能在各地方政府機關工作。兩者之間的錄用考核標準和工資標準也有差別，地方公務員不能被直接提拔成國家公務員。而國家公務員努力幾十年，最高能夠當的官，也只是一個中央部委的常務副部長，日本叫「事務次官」，想當部長是不可能的，因為部長和部長以上的官，都是由政治家，也就是國會議員們來當的，或者是首相聘請的非官僚的民間人士來當的。

今村就是一名政治家，他畢業於東京大學，原來是鐵路公司的一名幹部。一九九六年通過競選當選為眾議院議員，苦熬了二十年，好不容易在二〇一六年八月的安倍內閣改造中當選為大臣，負責東北地區的災後重建，但是僅僅當了幾個月，就得灰溜溜離開內閣府的大臣辦公室。

在日本，官僚與政治家的分工是，政治家制定政策，官僚實施政策。打一個比喻，就是政治家是管腦袋的，而官僚是管四肢的。兩者協調得好，那就是一個頭腦發達、四肢靈活的健康身體。如果有一天，腦子出了問題或者四肢不靈的話，那麼整個身體就需要動手術，就需要社會革命。

官僚是從大學畢業生中直接考試招收的，無論首相換成誰，政府換成哪一個政黨，對他們來說都不會有甚麼大的影響，因為官僚集團只是為國家服務、為國民服務，不是為了某一個政府或者政黨服務。也就是說，官僚集團是屬於國家的，而政治家是屬於政府的。

那麼，能夠被日本社會稱為「政治家」的人，都是些甚麼人呢？都是國會議員。

國會議員分成眾議院議員和參議院議員。眾議院議員相當於我們中國的人大代表，參議院議員相當於政協委員。但是有一點不同的是，中國的政協委員是實行聘任制或者邀請擔任制，而日本的參議院議員是實現全國普選制，他必須要經過競選才能當選為參議院議員。

一百五十年前，日本實行了明治維新，打開國門實行改革開放，全面引進了西方的政治與社會等制度。英國的議會制度也是在那個時候引進日本的，建立了在維護天皇權威之下的民主憲政體制。當時的日本，眾議院是選舉產生，但是貴族院是邀請制。一九四五年，日本戰敗之後，聯合國軍解散了日本貴族院，廢除了貴族階層，於是，貴族院改成了參議院。

日本目前的眾議院議員有四百七十五名，參議院議員有二百四十二名。這些議員統稱國會議員。那麼，這些國會議員是怎麼當選的？日本的每一位國會議員都是通過你死我活般的競選才能當選。

日本有一點三億人口，雖然與中國相比它是一個小國家，但是，按照人口比例來算的話，它還是排名世界第十位的人口大國，僅僅比俄羅斯少了二千萬人。

通常，日本是按照十萬人劃為一個選區，也有一些偏僻地方是三萬人劃為一個選區。一個選區中產生一名眾議員議員或者一名參議院議員，同時再產生一名政黨代表議員。因此，在一個選區內，最多也只有三名國會議員。而通常只有二名。

日本的國會議員是硬碰硬，由選區內年滿十八歲的有選舉權的居民用無記名投票的方式一票一票選舉出來的。以得票最高的人當選。

為了競選國會議員，各個政黨都會推舉出自己的候選人，按照憲法規定，年滿二十五歲的國民都可以自由地參加競選。因此，為了爭奪一個議員名額，往往有十幾個候選人參加競選，包括政黨推舉的候選人和沒有政黨支持自己想競選的普通老百姓。

競選不是一件輕鬆的活兒，為了讓十萬選民都能夠認識你，記住你的名字和競選綱領，然後投票給你，你必須要走遍選區的各個角落，無論是農村還是高山部落，你必須在選舉開始前一個月到這些地方都要走一遍，呼籲當地的選民投自己一票。所以，在選舉期間，競選者真的會喉嚨喊得沙啞、手握得抽筋、兩腿沉重得邁不開步子。但是不管怎樣，你必須要這麼做，否則你當不上國會議員。

有許多人是花了很多錢，累得死去活來，最後也未能當選為國會議員，所以，日本的一位銀行家曾經對我說過這麼一句話：日本的政治家是最沒有金融信譽的，他都不如一名小學教師。因為小學教師每個月都有工資收入，而政治家的話，今天當選為國會議員，他有工資收入；一旦他落選了，他就沒有了收入。所以，銀行一般是不接受政治家做擔保人的，除非他有許多財產。

成為國會議員是當選首相的先決條件，因為日本的首相不是全民投票選舉產生的，而是由國會議員投票選舉產生的。那麼，如何控制這些國會議員來推舉自己成為日本首相，這就需要控制政黨。

日本目前有大大小小十幾個政黨，最大的政黨是自民黨。每個政黨都有一個基本的規定，就是黨的主席可以成為首相的候選人。因此，要控制國會，就必須先要在國會中佔據更多的席位。而席位的獲得，就是靠一個選區一個選區的努力競選。只要有一個政黨在眾議院獲得超過半數的席位，那麼，這個政黨的主席就可以當選首相，因為日本國會法有兩條最基本的規定，一是當選首相必須獲得超過半數以上的議員贊同，二是眾議院通過當選的首相，如果在參議院遭到否決，則以眾議院的投票結果為準。這也就意味著，控制了眾議院超過半數的議席，就等於控制了政權。

像安倍首相，他領導的自民黨在二〇一二年的大選中擊敗了當時執政的民主黨，一舉奪取了政權。他就是因為自己是自民黨的主席，同時自民黨在眾議院大選中獲得了超過半數的議席。

那麼安倍為甚麼這次當首相可以當這麼長時間，一當已經當了近五年，據說還想再當五年。就是因為他領導的自民黨獲得了國會大多數人的支持，在眾議院聯合公明黨，已經獲得了超過三分之二的議席，在參議院也超過了百分之六十以上的議席，無論在野黨在國會內如何折騰反對，都無法撼動安倍政權，也使得自民黨想在國會通過的法案，可以不用顧及在野黨們的感受和意見，都可以憑藉自己在國會中的大多數勢力，強行予以通過。

當然，安倍當首相的前提，首先必須要當上自民黨的主席。這個主席也是在黨內競選上崗的。自民黨內有許多派別，他必須遊說多數派別來支持他，才有可能獲得大多數黨員議員的支持，當選為黨的主席。

所以，要在日本當首相，必須要成為一個有力量的政黨的黨員，然後通過競選去當上國會議員，然後再成為黨內大佬，最後才有機會成為首相。

名義上來說，日本這個國家是由一群政治家在領導，因為首相和內閣成員都是由政治家組成，而非官僚參與。但是，這群政治家畢竟是一個少數的精英集團，他只能出主意出政策，具體實施還是需要官僚集團來實施。因此，政治家與官僚集團的良性互動，是保證日本這個國家穩定發展的根本。

日本人如何當官

在日本，國民有兩個基本的概念，一個是「國家是永恆的，政府是短暫的」。另一個是「官僚是永恆的，政治家是流水的」。這兩個概念是甚麼意思呢？就是說，國家是全體國民共同擁有的家園，而政府只是管理這個家園的一個機構。管得好，國民選你繼續管；管得不好，國民選別的人來管。打個不十分恰當的比喻，就好像是一個小區，房子都是大家自己的，但是物業公司是聘請的。物業公司把小區管得好的話，業主們繼續委託你管理。管得不好，那就要換管理公司。日本戰後出現過幾家這樣的「物業管理公司」，比如二十世紀九十年代的社會黨政權、二〇〇九年的民主黨政權，還有執政時間最長的自民黨政權，不過大家看來看去，最後還是覺得自民黨這家「物業管理公司」比較靠譜，所以，日本戰後半個多世紀，老百姓大多時間是選擇自民黨來管理國家，這個自民黨，就是現在安倍首相領導的執政黨。

那為甚麼說官僚是永恆的官，而政治家是流水的兵呢？這裡面就牽涉到一個根本性的問題，那就是日本這個國家，到底誰是真正的管理者？這個問題的答案其實很簡單，實際管理這個國家的不是政治家，而是官僚。

在日本，官僚是一個特殊的階層，它是國家的管理團隊，但是又不屬於某個政府某個政黨。它執行政府的指令，但是只對自己的工作負責，不對特定的政府負責。我們說官僚是永恆的官，是因為官僚永遠只是官僚，它再努力也當不了政治家。比如在我們中國人的印象當中，一個年輕人從大學畢業進入政府機關當幹部，也許他經過若干年的努力之後，他可以當省長、當部長、當總理甚至當國家主席，但是在日本，一名機關幹部再努力，他最高也只能當到一個中央部委的常務副部長，日本叫事務次官，連部長都當不上。為甚麼連部長都不能當呢？因為部長和部長以上的官，是由政治家，也就是由國民投票選舉選出來的國會議員們來當的，或者是首相聘請的非官僚的民間人士來當的。

於是日本就出現了這樣一種政治局面，部長可以不懂專業，但是照樣可以當好部長。比如日本現任的防衛大臣稻田朋美，她既沒有摸過槍，也沒有當過兵，連戰鬥機和導彈都沒有見過，只是一名律師出身的女國會議員，但是她現在領導和指揮著二十五萬人的日本海陸空自衛隊。許多人懷疑，一旦打起仗來，她懂指揮嗎？顯然，稻田朋美是不懂的。但是除了她，日本防衛省的所有人都是懂的，因為這些人都是官僚，一輩子就幹著指揮軍隊的活。稻田朋美的工作只是傳達好首相和內閣的指示，然後以防衛大臣的名義簽名蓋印發佈命令就行。具體的工作，都由這些官僚們按照原先制定好的預案和幾十年的實際經驗去落實執行。

所以，在過去十幾年，日本是一年換一個首相，部長更是三天兩頭換，最頻繁時，防衛大臣是三個月換一個。但是，即使換了這麼多的官，日本這個國家沒有亂，政府工作也沒有停滯不前，整個社會還是按部就班地運轉，為甚麼呢？因為實際管理國家的官僚部隊沒有更換，他們依然是按照國家法律規定的程序在管理這個國家。

在日本，甚麼樣的人才能成為官僚？前提必須是極其優秀的人才。

官僚，也就是我們通常所說的公務員，日本的公務員分為國家公務員和地方公務員，國家公務員只服務於中央機關，而地方公務員只能在各地方政府機關工作。兩者之間的錄用考核標準和工資標準也有差別，地方公務員是不能直接提拔成為國家公務員，打個比方說，浙江省國土廳廳長是不能提拔到國家國土部去當司局長或者副部長的，因為你是地方公務員，不是國家公務員，你沒有去中央機關工作的資格。

國家公務員可以說是國家的精英，首先他必須是從日本著名的大學畢業，而著名的大學中，又必須是著名的專業畢業。比如日本外務省和財務省招收的國家公務員，大多數是東京大學法學部畢業的，為甚麼是法學部，而不是文學部或者經濟學部？因為法學部畢業的學生，具有兩個特點：一是對於國家法律法規十分精通，二是做事習慣於循規蹈矩，不會亂來。其他大學畢業生，比如像早稻田大學、慶應大學、東京工業大學等日本名校畢業生，幾乎難有機會跨進外務省和財務省的大門。

既然招收的是精英，那麼是不是學歷越高，考取國家公務員的機會越多呢？事實也不

是這樣，日本中央機關招收國家公務員，基本上只要求大學畢業，不要求碩士研究生和博士研究生的學歷。為甚麼不需要高學歷？我就這個問題請教了當過日本厚生勞動省副部長的渡邊先生。渡邊先生就是畢業於東京大學法學部，是一個老官僚，從大學畢業進機關一直到六十歲退休，在厚生勞動省裡幹了近四十年。他說，在機關工作，具備大學畢業的知識水平就足夠了，接下來需要的是工作經驗和悟性。如果是一名博士生進機關當幹部，會出現兩大問題。一是眼高手低，覺得自己學歷比別人高，能力也一定比別人強，不願意被人指揮，也不太願意虛心學習。但是實際的動手與吃苦能力往往不及大學畢業生。二是博士畢業生書卷氣重，往往會死死抱住自己的專業不肯放，還習慣於用自己專業的固有思維去分析問題處理事務，做事方式往往比較僵化。

渡邊先生說，公務員說白了只是一名政府事務員，他要求的基本能力是兩種：一是處理事物的能力，二是辦理事務的能力。也就是說，一是判斷力，二是執行力，而一個人的判斷力和執行力是需要經驗的積累和培養的，不是讀書就可以讀出來的。因此不需要研究能力，自然也不需要高學歷。除非是進入國立研究機構去當研究員，那是另外一回事。

日本的中央機關中，國家公務員隊伍又是如何培養的呢？首先，政黨的組織人事部門與政府機關公務員是毫不搭界的，也就是說，各政黨的組織部只管自己黨員幹部的培養，不管政府公務員隊伍的培養。政府公務員隊伍是誰來管呢？是由國家人事院和中央各部委的辦公廳來管。國家人事院是超越政黨，不受政黨約束和指令的獨立的公務員管理培養機構。

那麼，人事院是如何培養公務員呢？首先從大學畢業進入中央機關的年輕人，經過幾年的考察，確定一部分特別優秀者成為「エリト幹部」，也就是優秀後備幹部，一部分作為事務性幹部，也就是「一般事務職」對待。一旦被確定後備幹部後，所在中央機關和國家人事院就會對後備幹部進行專業分類培養，比如說在外務省，確定你今後從事與中國有關工作的話，先會送你去中國的大學裡留學，學習中文，親身接觸中國社會，結交中國人脈關係。幾年後回來，在外務省中國課做一段時間的機關工作，參與與中國的外交談判，接待中國官員來訪，參與對中國政策的調查和制定，等等。等你過了三十歲，有了一定的工作經驗，再派你去日本駐中國的大使館或者駐各地的總領事館去工作，從三等秘書官開始幹起。如此幾個輪迴，等你到了中年，也就成了外務省的中國問題專家，再擔任中國課長或者駐中國參事官、分管亞洲地區外交的審議官，過了五十歲之後，你有可能爬到最高的官位，就是出任駐中國大使，或者當上外務省常務副部長，然後退休去大學當教授，或者去外務省下屬協會去當會長。

特別需要說明的是，在日本的國家公務員的隊伍裡，即使你被選定作為後備幹部，你也只能排隊等待提拔，不可能被越級提拔。論資排輩是日本公務員體制中一個難以逾越的規矩。這也是一些日本人不願意成為公務員的一大原因。

在日本的公務員隊伍中，各個政黨的黨員有多少？應該說，一個都沒有，因為日本《公務員法》規定，公務員不能參與政治活動，不能為某個政黨服務，必須公平公正地為國家和國民服務。因此國家公務員不能是某個政黨的黨員，更不允許在機關內成立黨的組織，只允許成立工會組織來維護自己的權益。

日本國家公務員的收入有多高？其實日本國家公務員的收入不高，我查看了日本國家人事院二〇一五年全體人員的工資報表，發現日本的國家公務員，包括中央機關工作人員、國立大學教員和國立研究機構人員等在內，總數是二十五萬三千六百人，平均年齡是四十三歲，平均月工資只有四十一萬七千日元，也就是二萬五千元人民幣。到了五十歲的時候，月收入才可以達到五十萬日元。也就是說，國家公務員的工資水平在日本企業員工工資中，取了一個中檔水平，如果拿中央機關司局級幹部與日本大企業的部長相比，那可能機關司局級幹部只有大企業幹部的一半的收入。因為畢竟公務員拚命在工作，但是他的工資來源於國民和企業繳納的稅金，所以不可能出現高工資。

因此，在日本，想求穩，去當公務員；想發財，那就千萬不要去當公務員。

在日本當政治家的一條鐵規則

華人參議院議員蓮舫宣佈辭去黨主席職務後，日本最大的在野黨——民進黨於二〇一七年九月一日舉行了新的主席選舉，這次選舉被認為是民進黨拯救自己的最後行動，因為自從二〇一二年被安倍晉三領導的自民黨奪回政權之後，民進黨（前身為「民主黨」）在國民中的支持率一落千丈，一些骨幹黨員紛紛離黨，霸氣十足的蓮舫也自覺難以駕馭這一政黨，提前宣佈辭職。民進黨因此進入分裂的危險狀態。

新的主席選舉，選出了前外務大臣前原誠司。前原五十四歲，在日本是一位知名度很高的鷹派政治家，他的當選，至少讓日本國民感覺到「民進黨還算有點人才」。但是沒有想到，在前原剛當上主席才一天的時間，民進黨出了一個天大的醜聞：已經內定擔任黨的二把手——幹事長的美女議員山尾志櫻里，在接到內定通知的當夜，居然與比自己小九歲的情人躲在東京的一家高級酒店裡偷歡，被媒體記者逮了個正著。

日本《週刊文春》雜誌透露說，在民進黨選舉前原誠司出任新的主席的第二天（九月二日），民進黨舉行眾、參兩院議員大會，內定山尾出任黨的幹事長。山尾雖然只當過兩屆議員，但是由於她是檢察院檢察官出身，口齒伶俐，長相秀麗，常常代表民進黨出演電視評論節目，在日本社會的知名度較高，已擔任過民進黨的政策調查會長。

也許是因為當幹事長這一大官過於興奮忘乎所以，或許以前當檢察官時只是查別人，而沒有想到別人也會暗查自己，因此就在內定出任幹事長的當天夜裡，山尾悄悄地來到東京的一家高級酒店開房。而二十分鐘後，一名年輕男子也抵達酒店，並帶了紅酒和啤酒，來到山尾入住的三十六樓的房間。兩人一直在房間裡待到第二天早晨才離開。

兩人在房間裡雲雨歡合之時，根本沒有想到《週刊文春》的兩名記者也在酒店裡蹲守了一夜。《週刊文春》稱，這名與山尾一起過夜的男子，是經常出演電視節目的律師倉持麟太郎，兩人是在一起出演電視節目時相識的。在民進黨新黨首選舉大會之前，雜誌社已經獲知山尾與倉持每週相逢四次的消息，因此派出狗仔隊對兩人實施了跟蹤。兩人均已結婚。

山尾萬萬沒有想到，就在她離開酒店之後不久，手機就響了起來，《週刊文春》的記者向她求證：晚上是否與男人過夜？山尾大吃一驚，矢口否認。記者又打電話到山尾的辦公室，辦公室則稱「兩人商量工作」。

山尾與已婚男人在酒店裡過夜的消息很快傳到了前原誠司的耳朵裡，前原立即召見山尾進行確認，山尾也予以否認。但是《週刊文春》有名有姓有照片，一旦醜聞發表，對於民進黨來說猶如炸彈襲擊，一定會遍體鱗傷。於是，前原立即取消了任命她出任民進黨幹事長的決定。

《週刊文春》是一本花花綠綠的雜誌，既刊美女裸照，也發表政治激評，其最大的殺手鐧是隨時暴露政治家和社會名流的醜聞以此拉升雜誌的發行量。所以有許多政治家被《週刊文春》拉下馬，也有許多偷情藝人被《週刊文春》搞得妻離子散。但是，日本的國民喜歡這本雜誌，因為它也成了公眾輿論監督政治家和社會名流行為的一把利器。所以在日本國會議員中有句話：「天地都不怕，最怕文春打來電話。」

就在《週刊文春》刊出山尾醜聞的當天，山尾舉行了記者會，向社會公眾道歉。雖然她堅稱自己是「一個人在房間」，但是還是宣佈退黨，以避免給民進黨帶來麻煩。不過，因為她舉行記者會沒有接受記者提問，這種躲避的行為更加深了輿論對於她婚外戀情的猜測。

不管山尾如何辯解，「過夜女人」的印象已經無法抹去，這對於一名政治家來說是致命的打擊。因為日本社會有一條鐵規則，那就是：「你要當政治家當官，不可睡錯床，揣錯口袋。」企業家亂紀可以，政治家與官員不行，因為政治家與官員是國民納稅供養的，必須是社會的道德模範。

市長酒店召妓該如何處理

日本古都奈良縣有一個天理市，天理市最近鬧出了一起轟動全國的大事，年僅三十八歲的市長並河健在東京參加全國市長會議期間，在酒店裡召妓為自己提供性服務，這件事被媒體曝了光，市民驚訝，輿論譁然。

天理市是一個只有六萬人口的城市，雖然人口不多，但是其行政級別相當於中國的三線城市。天理市市長並河健在日本也是一位比較有名的市長，因為他在三十四歲的時候就通過競選當上了這座城市的市長，而且一當就是四年。

並河健從小被稱為天才少年，高中畢業後考入防衛大學攻讀國際政治學。但是讀了兩年，因為討厭畢業後要當自衛官，於是提出退學。第二年，他又考入東京大學法學部，學習國際外交。畢業後進入日本外務省，當了一名外交官。在外務省工作期間，他又先後去埃及開羅大學和美國佐治城大學留學，並獲得碩士學位。

並河健先後擔任過日本國駐埃及大使館二等秘書官，日本APEC準備事務局課長助理、阿富汗支援室課長助理等職務，是一位很有前途的外交官。但是二〇一一年他突然離職，到日本最大的廣告公司電通去上班。二〇一三年，他辭去電通的工作，去奈良縣天理市參加市長競選，以其年輕而輝煌的經歷，一舉擊敗多名競選者，成了天理市的年輕市長。

市民們說，並河健是一個幹勁十足、精力充沛的男人，他當市長已經四年，業績也比較可觀，甚至自己到學校給學生上課，所以在市民當中口碑較好。他結了婚，有兩個孩子，妻子是家庭主婦，一家人過得很和睦。

二〇一七年二月和六月，並河健到東京出差，晚上一個人在酒店裡耐不住寂寞，於是就打電話召了妓女提供性服務。這件事情不知怎麼讓《週刊新潮》雜誌的記者知道，在八月三十一日出版的《週刊新潮》雜誌上公開了他召妓的全過程，而且有一名曾經為他提供過服務的妓女的證詞。

對於一個地方城市的行政長官來說，召妓是一個很大的醜聞。但是並河健倒也坦白，在雜誌發行的當天他接受了媒體的採訪，公開承認自己確實有在東京出差期間召妓女的事情，但是他只承認自己在道德問題上出現了不檢點的行為，對不起市民和家人。但是，他同時覺得，自己沒有花費一分錢公款，是自掏腰包接受性服務，並沒有觸犯法律，因此表示不會辭去市長的職務。

對於並河健市長召妓的問題，日本輿論是如何認為的呢？一部分輿論認為，作為一名市長，應該成為市民的道德模範，因此，即使是自掏腰包也不應該。況且你開房用的是公款。所以，並河健應該辭職。另外一部分輿論則認為，並河健雖然是市長，但是晚上的時間是工作之外的私人時間，做甚麼事情是他的自由，況且性服務並沒有觸犯法律，因此除了妻子有權指責他，其他人沒有資格對他說三道四。

日本社會的輿論為甚麼會出現分歧？

首先給大家解讀一下日本有關性服務的法律問題。日本有一部關於色情業的法律《風俗營業法》，「風俗」兩個漢字傳到日本之後，演變成一個特殊的概念，就是「色情」，所以我們到東京新宿的歌舞伎町去走一走，看到「風俗店」三個字，就可以知道它是提供色情服務的店。

在日本，色情行業是受法律保護的，但是也有法律的約束界限。比如色情行業的店舖，必須集中在一個地區，而且必須遠離學校，這個區域稱為「紅燈區」。女性不能通過金錢交易與男性發生性關係，但是《風俗營業法》又默認女性可以通過嘴巴和手為男性提供性服務。也就是說，只要男女兩人不直接發生性關係，不動真格，所有性服務都是不違法的。

這種默認，就導致了日本變相的賣淫嫖娼活動的合理化。

我記得十年前在手機還沒完全普及的情況下，東京的各個電話亭裡貼滿了各種各樣介紹女朋友的小廣告，警察明明知道所謂的介紹女朋友其實就是變相的介紹妓女，但是根據現行的法律，警察卻沒法取締它。我為這件事情去採訪了東京警視廳，一名負責人是這樣解釋的。他說，小廣告上只寫了介紹女朋友，而且只寫了一個電話號碼，他沒有說是介紹妓女，所以發行這份小廣告本身構不成違法。如果有男人打了這個電話，電話那一頭給你介紹一名女的，也不犯法，因為他只是介紹女朋友，而且不收你錢。至於你們兩人進了酒店的房間，在房間裡幹了甚麼，那屬於個人隱私，警察即使知道你們在裡面幹甚麼，也不能闖入，因為兩個人相識，哪怕是第一次見面就去開房，也不犯法。有一條界線，就是女的進入房間之後，收取了男人的錢發生直接的性關係，那可以認定為賣淫。但是在一個沒有第三者在場的房間裡，男人給女人錢這件事是難以取證的。假如警察在房間裡安了攝像頭，那就變成是警察違法。所以，警察明明知道所謂的介紹女朋友完全是一種變相的賣淫嫖娼活動，但是就沒有辦法抓捕他們，因為風俗店就是打了法律的擦邊球。

那麼，警方後來是如何找到打擊這種賣淫嫖娼活動的理由呢？警方認為，你在公共電話亭裡面張貼小廣告紙，是觸犯了「損害公共財物罪」，以這條罪名來打擊介紹嫖娼賣淫的店舖，效果還真十分明顯，一夜之間，電話亭裡的小廣告不見了。

在電話亭裡找不到小廣告，但是在日本的一些小報和娛樂雜誌上依然能夠看到這樣的廣告，因為在報紙上刊登介紹女朋友的廣告是不犯法的。估計，天理市市長就是從報紙上找到召妓電話的。

並河健市長召妓卻又拒絕辭去市長職務，那麼日本的哪個機構可以懲罰他？應該說，要懲罰他還真難。

警察找不到他與這位女性直接發生性關係的證據，自然無法逮捕他。他本人又不屬於任何一個政黨，也不屬於公務員，他是一位民選的地方政府的領導，要解除他的市長職務，沒有一個組織和機構有這樣的權力。

日本任何一個地方城市的行政長官，包括市長和村長，都是通過競選當選的，也就是說，他是獲得了百分之五十以上選民的贊同而當選的。如果要罷免他，也要根據《選舉法》進行一次市民投票，而且必須要有三分之二的選民支持罷免案，才可以罷免他。這個罷免程序屬於勞民傷財的行為，一般很少有地方願意這麼幹。所以，只要並河健不主動提出辭職，他還照樣當市長。

日本的這種民選制度有多厲害？我給大家舉個例子，二〇一一年，日本發生大地震並引發海嘯，當時的日本首相菅直人趕去災區慰問，一個災區村長指著菅直人的鼻子罵：「我們現在這麼忙，你還來災區視察，讓我們組織災民集合起來聽你訓話，你到底有沒有良心？我們希望看到的是，政府盡快讓村民們住上安置房。」一個村長居然在電視鏡頭面前公開辱罵一國首相，也許在別的國家裡是不可想像，但是在日本，人們看到的景象是，菅直人不停地對這個村長道歉，沒有任何還手之力，更沒有權力免去這位村長的職務，因為這位村長是民選的，不是首相任命的。

日本有一種特殊的文化，叫「曖昧」。在色情行業中，日本也是打了曖昧的擦邊球，才使得色情行業在日本得到合法的存在，並陷入氾濫的地步。正因為這種合法化，天理市市長並河健因此認為自己的行為並沒有犯法，所以也沒有必要辭職。只要太太不為難他，他可以平安無事。接下來，他只要好好工作，或許也可以獲得市民的原諒。

並河健市長的法定任期是到二〇一七年十月，市民們是否會繼續支持他擔任市長，完全取決於市民對於他的召妓行為如何理解。結果，天理市出現了一九九六年以來，相隔二十一年的無投票的市長再任，並河健還將當四年市長。

日本社會是一個奇葩的社會，從天理市市長召妓女這一件事上，我們可以看到日本的法律、社會政治制度與性文化的一個側面。你搞婚外戀不行，事關道德。但是，嫖妓解決性慾，罪輕一等。

東京都政府對公務員的八項規定

中國一個自來水公司代表團訪問日本，希望考察東京的水務工程，並考慮購買日本的一些水處理設備。我幫他們聯繫了東京都政府的水道局，安排他們前去拜訪和考察。代表團來日本之前向我諮詢了一件事情，說去東京都水道局拜訪時送甚麼禮物為好。我說，日本人還是比較喜歡喝茶，你們就送點茶葉吧。結果代表團買了幾餅高級的普洱茶，每一餅的價格都要千元人民幣。結果到了東京都水道局，當代表團給水道局的領導遞上茶葉時，那位領導問了我一句話：「徐先生，這茶葉值多少錢？」我想不能說實話嚇壞他們，就說幾千日元。這位領導就從自己的錢包裡掏出一張五千日元遞給我，說：「本來我們是不能接受這份禮物的，因為有規定，但是因為是中國客人，我們就收下，但是這錢你們得收著，就算是我們買的。」

中國的企業家們十分看不懂，問我是不是日本人嫌我們的禮物太少，我說不會的。事後我問了水道局的一位幹部，他告訴我因為東京都政府有八項規定，規定公務人員不能與企業發生任何的利益往來，包括接受禮物。

東京是日本的首都，它不僅是日本的政治中心和文化中心，同時也是日本的經濟中心，日本各大公司的總部基本上設在東京，因此東京都的 GDP 佔到日本全國 GDP 的三分之一。東京都的總人口為一千三百七十萬，每天還有六百萬人從郊縣趕到東京市中心來上班，因此東京都需要有一支龐大的公務員隊伍來進行管理，這支公務員隊伍總人數為十五萬人。

一聽這個數據，大家可能會認為東京都政府是一個龐大的官僚機構，其實這十五萬人中，真正在東京都政府和下屬二十三個區政府和二十六個市政府裡工作的機關幹部，只有一萬八千人。最多的是公立中小學和大學的教師，有六萬三千人。警察有四萬六千人，消防隊員有一萬八千人，消防隊員的人數和機關幹部的人數是一樣的。另外還有七千名醫生，六千名地鐵和公交大巴司機，都屬於公務員。

東京都政府對於十五萬名公務人員頒佈了一項《職員禁止事項》，規定了政府公務人員在與企業等機構打交道時必須遵守的廉政規定。規定剛好有八項，因此也稱之為「東京都八項規定」。

這八項規定的主要內容是：

第一，在夏季的中元和年末等時節，不管甚麼理由，嚴禁接受有利害關係的機構單位任何的金錢和禮物贈送。

第二，嚴禁和與自己工作有利害關係的人員一起聚餐（包括參加朋友性質的聚會）。

第三，和與自己工作有利害關係的人員接觸時，只准許接受簡單的茶水招待。

第四，嚴禁和與自己工作有利害關係的人員一起遊玩、一起參加體育活動，或者一起旅遊。

第五，嚴禁向與自己的工作有利害關係的人員借錢，或者要求其代買各種活動的入場券等任何費用是各自承擔也不允許。

第六，出差時，搭乘有利害關係者擁有的汽車，也將被視為接受利益好處。

第七，原則上禁止接受企業等機構用於宣傳的掛曆、筆記本、圓珠筆等禮物。

第八，政府職員調離工作崗位後，三年內依然禁止接受曾經的利害關係者的請客送禮。

知道了東京都政府的這八項規定之後，就可以理解中國企業代表團訪問東京都水道局時送兩包茶葉，他們也為何會這麼緊張。如果告訴他們真實價格的話，絕對是不敢接受的。

二〇一七年，我遇到這麼一件事。東京都稅務局幾位研究中國稅法的公務人員來到我辦公室，請教中國地稅和國稅的問題。

他們來我辦公室的時候，特地帶了一盒糕點，一般也就兩三千日元，大約一百五十元人民幣。當他們把這盒糕點交給我的時候，特別慎重地說了一句：「這盒糕點是我們幾個人湊錢買的。」言下之意，不是用稅務局的錢。談完事情後，我送了我們亞洲通訊社出版的三份日文報紙《中國經濟新聞》給他們，讓他們好好了解中國經濟。但是他們一定要付錢，說不付錢的話會違反東京都政府的規定。結果每人付了五百日元，也就是三十元人民幣。我問他們，幹嘛搞得如此認真？他們告訴我，政府有一個八項規定，不能接受企業饋贈的有價禮物。他們說：「因為你們亞洲通訊社是東京都稅務局的納稅單位，所以即使是報紙的話，也不能白拿。」

政府如何與企業劃清利益關係？東京都政府的這八項規定已經規定得十分明了，而且嚴格程度如同法律。

東京都政府如此，那麼日本的中央政府又有哪些規定呢？日本政府制定一部《國家公務員倫理規程》，其中規定的公務員禁止條款，多達二十六條。其中最難以理解的是，比如國家公務員以職務身份參加有利害關係企業團體舉行的活動，喝茶可以，吃糕點不行。如果拿一個盒飯的話，那就更違反規定。

我有一個要好的朋友，當了日本中央某一個部的事務次官，也就是常務副部長。每年過年的時候，我一般會送一瓶他喜歡的紹興黃酒給他。雖然我和他沒有任何業務往來，也就是不屬於利害關係者，但是過不了幾天，他一定會回贈一盒精美的食品，而且價值一定會超過我送給他的紹興酒。值得注意的一個細節是，他回贈給我的禮品，都不是從家裡直接寄出的，而是委託高級的百貨公司代為購買和寄送，這就是說，他收了我的紹興酒，然後回贈了我禮物，屬於禮尚往來，而且還有據可查。不管哪個機構查這件事，都不會有任何的破綻被抓把柄。這就是日本國家公務員處理朋友關係的基本原則。

政府如此，那麼企業如果出於各種原因必須向客戶送禮的話，那又有甚麼規定呢？日本也制定有相關的法律規定，不准企業胡來。

日本政府對企業徵稅，有一部專門的《法人稅法》，其中有一項對於「交際費」使用的規定，這項規定提出，企業可以送禮或者宴請，但是每人的最高金額不得超過五千日元（約三百元人民幣），超過部分將被徵稅，嚴重者還將接受行政督查。

我經常接待中國地方政府或者企業的代表團到日本拜訪日本的大企業，出於禮貌，代表團都會準備一些有中國特色或者地方特色的禮物，不管我們送的禮物多貴重，日本企業都會回贈禮物，大多數是糕點或者清酒，甚至有指甲鉗、圓珠筆，而不會贈送比我們更高級的禮物。為甚麼日本人這麼小氣？知道了日本《法人稅法》中有這項交際費的規定，我們就可以知道日本企業小氣的原因，是因為他們遵循法律規定，企業也不能大吃大喝。

但是在具體的接待中，不少企業還是會超標，尤其是舉行歡迎宴會。因為每人五千日元的餐飲標準，只能帶大家到居酒屋吃烤魚，如果去高級的料理店，每人的標準絕對超過一萬日元，甚至每人三萬到五萬日元的都有，那怎麼辦？要不老闆自掏腰包，要不在做賬時虛報人數，別讓稅務局逮著就行。但這樣的超標宴請也只能偶而為之，因為日本的《法人稅法》除了對於交際費每人的標準作出具體規定之外，還給企業設定了一個交際費總額的上限，那就是資本金在一億日元（約六百五十萬元人民幣）的企業，一年的各種交際費總額不得超過八百萬日元（約四十八萬五千元人民幣），超過部分就要加徵重稅。

所以，日本雖然是一個市場經濟的國家，但是很少發生政府官員與企業之間的利益輸送等腐敗行為，原因很簡單，因為有嚴格而明確的法律法規。當然規定是人制定的，重要的還在於公務人員的自覺執行和違反規定後的嚴厲處罰制度的落實。

日本大地震災後重建為何這麼慢

大家是否還記得二〇一一年三月十一日日本發生了一次九級大地震，這次地震發生時我剛好在北京採訪兩會，當天，我被中央電視台和第一財經頻道叫到了演播室，對日本大地震進行了解讀評論。

兩會結束後我立即趕回日本。當時飛往日本的國航客機上只有三名乘客，乘務員不解地問我，福島發生了核泄漏，大家都忙不迭地逃離日本，你為甚麼還往日本趕？我說那裡有我的工作。一個禮拜後我繞道進入了災區，看到許多熟悉的城市變成恐怖的廢墟，雖然不是自己的國家，但畢竟也是自己長期生活的地方，心中產生了巨大的痛楚。過去六年，日本地震災區的災後重建，到底進行得怎麼樣了？七月下旬，東京都政府邀請外媒記者前往災區採訪，於是我再一次來到地震災區。

六年前發生的大地震和引發的大海嘯，是日本千年以來沒有遭遇過的一個巨大的災難，我在災區看到，凡是海嘯沒有到達的地方，房子都是好端端的，凡是海嘯到過的地方，所有東西都被捲走了。這次大地震，破壞力最大的不是地震，而是海嘯。海嘯最高的地方達到了三十六米，三十六米是甚麼概念呢？就是十三層高的房子都被淹沒了。上萬噸的船，被海嘯輕易地推上海岸，汽車像毛巾擰過那樣扭曲。這場大地震，尤其是大海嘯，令日本整個東北地區二萬人死亡和失蹤。

二〇〇八年四川也遭遇過一次重大的地震災難，汶川地震發生後一週，四川省人民政府與我聯繫，希望能夠盡快提供日本災後重建的方案，當時我聯繫了遭遇過阪神大地震的神戶市政府，又聯繫了遭遇過中越大地震的新潟縣政府。這兩個日本地方政府提供了他們全套的災後重建的方案，我邀請了一些在日本的中國留學生，在短短三天時間裡，晝夜努力，翻譯了災後重建的大部分方案。在汶川大地震十天之後，我背著這份日本災後重建方案飛到了成都，交給了四川省人民政府，成了汶川大地震災後重建一份重要的參考資料。三年之後我再去四川災區，看到災區一座座新城已經建成，而且許多新城已經變成了一個很好的旅遊區，災民也安居樂業。中國政府尤其是中國地方政府的對口支援，使得四川災區在短時間之內能夠迅速實現重建。一方有難，八方支援，這是我們中國社會主義制度的一大優越性。

那麼日本大地震大海嘯發生之後，他們的災後重建進行得如何呢？我這次來到日本東北地震災區的岩手縣、宮城縣和福島縣，採訪了受災最為嚴重的幾個城市，過去六年，整個災區的災後重建只完成了百分之五十。我們去參觀了幾個臨時安置房，大多數災民已經搬進了新居，像氣仙沼市，還有三百多戶人家住在臨時安置房中，我問了當

地的市政府幹部，為甚麼這三百多戶人家還不能住上新房，他告訴我一個最大的原因是因為這些人家他們是自己造一戶建的別墅樓，但是災區的建設公司根本來不及，所以都在等待建設中。

日本災後重建面臨的最大問題主要是兩個。

第一個是沿海地區的大部分城區遭到了海嘯襲擊，而且海嘯襲擊過的地方，不僅捲走了所有的房子，同時也把城市的土地削掉了兩米左右，也就是說，城區的土地要遠遠低於海平線。如果在這種低窪的城區重新建造房子的話，就意味著千百年以後再次發生同等規模的地震和海嘯的話，這座城市還將遭遇巨大災難，所以災後重建的首要任務是要將老城區的地基墊高十米。像岩手縣的陸前高田市的整個城區有十二平方公里的土地，全部需要墊高十米。結果這個城市把周邊海拔兩百多米的高山進行了開挖，然後將泥土一車一車地運到城區，然後進行填埋、墊高、夯實，防止地基下沉，整個工程，就是一個愚公移山的工程。我在現場看到，整個城區墊高工程已經完成了百分之六十左右，有一百多輛工程車在工地上忙乎，市長說，要完成整個城區的墊高工程，預計還需要三年的時間。陸前高田市不僅墊高了城區，而且重修了海塘。長達五公里、高七米的鋼筋混凝土結構海塘已經全部建成。

第二個是土地私有制的問題。日本所有的土地，都是有名有主，也就是說每塊土地要不就是個人的，要不就是國家的。尤其是在農村，大部分土地都屬於個人，在這次大海嘯襲擊過程中，許多城區被掏空變成廢墟，因此也根本分不清你們家和我們家在哪裡。特別像南三陸町政府，政府大樓都被海嘯捲走了，土地資料已經不再存在，所以，如何解決當地居民的土地產權問題成了地方政府一個十分頭疼的問題。南三陸町也和陸前高地市一樣，進行了浩大的填土工程，也要把整個城區墊高十米。

南三陸町町長佐藤仁告訴我，海嘯剛過不久，許多災民對海嘯充滿了恐懼，所以政府提出災後重建方案，讓城區墊高，變成一個商業區，居民區全部遷到高坡上去。政府把老城區的所有土地進行一次性收購，然後根據每戶人家的原有的土地面積由政府幫其置換到高坡上重新建設家園，以防此類巨大海嘯的再度發生。當時大家都贊成這個方案，但是過去若干年，許多災民開始懷念自己老城區，覺得不能放棄代代相傳的土地，放棄了會對不起自己的祖宗，所以還是要求回到老城區。如此一來，老城區不住人的規劃就要被打破。所以如何說服這些災民放棄搬回老城區的要求也成了政府頭疼的一個問題。

中國在四川大地震災後重建中實施的一個最成功的措施就是沿海發達城市對口支援，對災區的一個鄉鎮、一個城市實施援建，由富裕地區出資幫助災區建設新城。但是日本做不到這點，因為它實行的是地方自治的體制，也就是說，每個地方政府的財政收支都是實打實的預算，幾乎沒有機動經費。每花一分錢都要由地方議會討論決定，最為關鍵的是，這些錢都是當地市民繳納的稅金，一旦地方政府拿當地市民繳納的稅金去支援別的城市，當地市民的醫療保障等方面待遇可能就會受到影響，市財政將會出現赤字，所以日本大地震大海嘯發生以後，它沒法做到城市與城市之間的對口支援，唯一能夠做到的就是日本各地政府派許多公務員去災區參與處理災後重建工作。所以，雖然中央政府出了很多的錢，但是災後重建基本上還是需要地方政府自己的努力。而目前災區還有一個很大的問題就是人手不夠，超市裡的收銀員一小時的工資都已經達到一千二百日元，大約八十元人民幣，遠遠高於東京。

所以，這些問題都阻礙了日本東北地震災區災後重建的進度。

我們這次採訪沒有去福島縣核輻射區採訪，福島縣是一個遭受了大地震、大海嘯、核輻射三重苦難的城市，目前核心區還無法進入。不過，當地的災民並沒有像我們想像的那樣，對於核輻射有那麼的恐怖，災區的馬路邊有不少核輻射測量檢測儀，顯示的核輻射量都接近於核泄漏之前的普通的低數據。我們接觸到的災民大多數認為核輻射問題基本上已經過去，水產品和農副產品都實行嚴格的檢驗，都沒有發現超標，可以安心生活。福島縣出產桃子，我這次也買了幾斤，味道相當不錯。但是福島災區的人口並沒有出現增加，核泄漏的陰影還籠罩在不少人的心頭。

日本東北地區災後重建的路還很漫長。在這次採訪中，我們能夠感受到當地政府和當地市民拚命努力重建家園的幹勁，畢竟這裡是他們的家，是他們的故土。有一些在外地工作的人，因為家鄉受災，反而把自己的企業搬回老家，以顯示自己與家鄉同在的決心與愛心。

這次採訪還剛好遇到整個東北災區長達一千公里的馬拉松接力賽，許多奧運會金牌得主參加了這次為災區為災民鼓勁的千里跑。日本政府希望在二〇二〇年的東京奧運會開幕的時候，整個災區的災後重建能夠基本上完成，這樣的話，距離大地震發生也已經十年。災後重建的路是漫長了一些，但是一旦想到千百年之後還會遇到同樣的災難，災區重建也不得不這麼做。當地政府希望我們記者為災區寫一句話，我寫了這麼一句：那一天，我們都不會忘記，災區，加油！

日本社會如何看待「阿帕酒店問題」

日本全國連鎖型商務酒店——阿帕酒店（APA）放置老闆元谷外志雄個人書籍，否定南京大屠殺和侵華戰爭，這事激起了中國社會的強烈不滿，也引起了日本社會的高度關注。那麼，日本社會是如何看待「阿帕酒店問題」的呢？

我們先來看看媒體的反應。

日本最先作出反應的是紙媒。各大媒體在這一問題在中國網絡上熱議之後的第二天——十六日晚上的新聞網站上，刊登了駐中國記者發回的報道。這些報道基本上只是陳述經過，沒有對歷史問題本身進行評論。

但是，這些網絡報道立即引起了日本網民的反應。我查閱了日本雅虎網站上的相關消息的留言，百分之九十以上是支持阿帕酒店，認為元谷外志雄幹得好，本來不喜歡阿帕酒店，就因為這件事，下次一定去住。也有人認為，美國女孩拍攝阿帕酒店書的視頻節目，一定是受了別人的指使。

在中國外交部發言人華春瑩於二〇一七年一月十七日對阿帕酒店問題發表談話後，日本各大電視台開始跟進，從十八日開始到十九日，日本各大電視台都在黃金時段的時政討論節目中，開始對阿帕酒店問題展開討論。

日本各電視台的嘉賓關心的問題集中在三個方面：

第一，中國社會對這一問題的反應；

第二，阿帕酒店老闆該不該放這類書；

第三，「阿帕酒店問題」對日本旅遊市場的衝擊。

日本幾家電視台前往中國遊客較多的東京淺草寺、銀座採訪中國遊客，有位中國遊客表示：已經取消了新宿阿帕酒店的住宿。

日本記者在攜程等中國旅遊網站上，已經找不到阿帕酒店的預約信息。接電話的工作人員明確表示：因為這家酒店否定「南京大屠殺」。日本電視台採訪了十多名中國遊客，大家的意見是：絕不住阿帕酒店；也不希望其他中國人入住；選擇酒店主要看重價格、環境和位置；旅遊與政治無關，只要兩國國民友好就行。

我們來看看日本社會如何看待「阿帕酒店問題」。

TBS電視台的嘉賓阪口認為，生意人不應該介入兩件事：政治與棒球。這是基本常識。

TBS電視台嘉賓宇野表示，我住過阿帕酒店，對於酒店裡放置這類書，一直感覺到有一種異樣感。做服務行業，不應該強調政治觀點。

酒店業評論家瀧澤表示，這一問題不會影響中國人來日本旅遊，但是會影響阿帕酒店的業績。

日本電視台新聞主持人表示，希望這一問題不會影響兩國的關係。

那麼，阿帕酒店方面對於中日兩國的輿論的反應是甚麼態度呢？阿帕酒店在十七日發表聲明，表示不會撤回放在酒店房間裡的問題書。同時詳細介紹了酒店老闆否定「南京大屠殺」和侵華戰爭的觀點與立場。

阿帕酒店老闆元谷外志雄在接受日本經濟新聞採訪時表示：自己是基於事實寫的書，目前沒有考慮撤回這些書。

那麼，日本媒體是如何介紹南京大屠殺這一事件的呢？TBS電視台的介紹比較有代表性：中國政府認為是被殺了三十萬人；日本政府承認殺害了非戰鬥人員，但是對於中國公佈的數字進行確認比較困難；阿帕酒店老闆元谷外志雄認為是中國政府的捏造，事實並不存在。

日本內閣官房長官菅義偉在記者會上就中國外交部發言人華春瑩對於日本阿帕酒店放置否定「南京大屠殺」相關書籍一事的批判指出：「不應該總是將過去不幸的歷史作為焦點過度關注，日中兩國都面臨著國際社會的共同課題，展示面向未來的姿態，這才是重要的。」希望中國政府對於此事保持冷靜。菅義偉長官還表示，對於中國外交部新聞發言人的一個一個發言，日本政府不想作出回應。

十九日下午，我接到朝日電視台的電話，叫我無論如何參加晚上的一個直播節目，談阿帕酒店問題。我答應了他們，因為幾個電視台討論阿帕酒店問題，都沒有中國嘉賓參加。讓一群日本人自說自話，總歸有些欠缺。

晚上八點三十分趕到朝日電視台，編導一見我，就對我說：「徐先生，很抱歉，今天請了黛薇夫人。」我說：「沒有問題，我們來說理。」

黛薇夫人在日本社會大名鼎鼎，當年印度尼西亞總統蘇加諾訪問日本，第一眼見到她就窮追不休，一定要帶回印度尼西亞，結果她成了蘇加諾的第四位夫人。

黛薇夫人是日本各大電視台的常客，說話常常是想到哪說到哪，性格直爽，因此很受大家喜愛。但是在對待中國的問題上，態度總是有些走偏。這次的阿帕酒店擺放老闆元谷外志雄否定「南京大屠殺」的書的問題，我在查閱相關資料時發現黛薇夫人還是元谷的好友，所以這次她自然是會替老朋友說話。

走進演播廳，發現陣容挺大，有三位主持人，五位嘉賓，外國人（中國人）就我一個。編導事先跟我打了招呼，說節目中有關阿帕酒店的問題，主要是我跟黛薇夫人的對壘。

一開始，黛薇夫人氣場就很大，所有人都對她鞠躬問候。她也直言：「剛才與元谷社長通了電話。」

節目一開始，主持人就單刀直入，談阿帕酒店該不該放老闆寫的《真正的日本歷史——理論近現代史學》書的問題。

整個節目的主要交鋒的觀點如下。

第一，關於言論自由。

黛薇夫人的觀點是：日本是一個言論自由的國家，元谷社長在酒店裡放自己寫的書，向客人們傳遞自己的想法和立場，沒有錯，他有這個自由。

我的反駁觀點是：日本確實是一個多元化社會，言論自由，但是言論自由也有一條紅線，這條紅線就是人的良知。

嘉賓石井女士在節目中對黛薇夫人說：「阿帕酒店社長在酒店裡放這樣的書，是一個應該值得考慮的問題。他想表達個人政治立場，應該把書放到書店裡去賣。」

第二，關於放書的自由。

黛薇夫人的觀點是：酒店是元谷社長自己經營的酒店，放不放書，也是他的自由。我去美國，美國的酒店裡也放著《聖經》，放著各種書籍，為甚麼在阿帕酒店裡不能放？

我的反駁觀點是：酒店是一個各國客人利用的場所，不是某個人的私家廚房。阿帕酒店老闆把表達個人敏感政治立場的書放在酒店房間裡，作為企業經營者是失格的。（以上兩點獲得多數嘉賓點頭贊同）

第三，關於阿帕酒店的聲明。

主持人介紹了阿帕酒店發表的聲明。聲明稱：自己的觀點不針對特定的國家和國民作出批判，只是追求歷史真相。

我的反駁觀點是：南京大屠殺唯一的對象國，就是中國。你說不針對特定的國家和國民，那是睜著眼睛說瞎話，很不誠實。

節目播出後，一位名叫平岡憲的網友在節目推特上留言，說自己的祖父當年是駐在北京的高級軍官，我問過祖父有關南京大屠殺的事情，他說：「南京的事應該是事實。」

在三月舉行的北海道亞洲冬運會期間，運動員入住的阿帕酒店，撤走了元谷社長的書。

安倍為何要畫餅讓普京充飢

二〇一六年十二月十六日清晨，山口縣長門市下了一場雪。

俄羅斯總統普京睡在安倍首相老家的旅館裡，撩開窗簾，看到了飄飄揚揚的白雪。他又鑽回了被窩裡。這一鑽，使得前往東京的時間又被推遲了五十分鐘。

後來，俄羅斯方面向日本的解釋是，總統一號專機壞了，飛不了，臨時決定改乘備用的二號機。

偉大的俄羅斯總統專機，在訪問日本的山口宇部機場僅僅停留了一宿就壞了，這讓普京萬分尷尬，不過這也讓他多了一分要求日本企業援助俄羅斯經濟的理由。

結果，普京在下午一時三十分才飛到東京羽田機場。安倍早早趕回東京，在首相官邸迎候普京，並請他檢閱了迷你儀仗隊——一支只有二十多人的自衛隊。

十五日在山口縣的大谷山莊溫泉酒店，遲到兩個半小時的普京從下車的那一刻起，來不及上一次洗手間，就與安倍舉行了會談。從十八時八分開始，到二十三時三十分結束，工作會談、私密會談加工作晚餐，全部加起來，足足談了五個半小時，最後只談定三句話：

第一，重啟中斷三年之久的外交與國防部長參加的「22」協商機制；

第二，日俄兩國首腦同意在北方四島領土上實施「共同經濟活動」開展協商；

第三，俄羅斯放寬簽證限制，為日本原島民返回四島掃墓訪問提供便捷。

俄羅斯總統特別助理深更半夜會見記者，特別補充了一句：「首腦會談根本就沒有提及領土主權問題。」

安倍三番五次邀請普京來日，最想談的就是北方四島領土問題。但是普京來日最想要的是日本銀行的紙幣。所以，普京的隨員們對於安倍莫名其妙地把普京弄到只有幾萬人的鄉下小城來過夜，心裡憋了一肚子氣。據悉，安倍原計劃跟普京一起裸身泡溫泉，演繹一場「赤誠相待」。但是俄羅斯方面似乎毫無此意，更擔心溫泉水「不潔」，根本沒讓普京下水。

其實普京這次到訪日本帶了一支浩浩蕩蕩的企業家隊伍，共有二百多人。據說俄羅斯稍有名氣的企業家都來了。這支隊伍沒去山口縣，而是直接抵達東京，與日本四百多家企業的老總們開會，拋出了一系列的合作項目與要求。

一位日本著名企業的社長對TBS電視台記者說，政府號召我們去俄羅斯投資，但是政府無法給我們提供投資成功的保證，這就充滿風險。

還有一位社長說，投資北方四島的意義當然重要，但是就那麼幾千人的市場，容量太小，投資回報無法估算。

雖然顧慮重重，但是畢竟也有「勇夫」。在安倍的積極遊說和鼓勵下，日本政府相關部門與企業在醫療、觀光、能源開發、農業和產業合作等八個領域，與俄羅斯共簽署了八十多個合作項目，日本方面承擔的投資資金和ODA資金總額達到了三千億日元（約一百八十八億元人民幣）。

普京在進入日本首相官邸與安倍象徵性地會談二十分鐘後，就來到大會場參加由兩國閣僚和經濟界領袖參加的懇談會，當著安倍的面向與會者說了一句重話：「沒有經濟合作，就不可能有真正的日俄伙伴關係。」

拿了三千億日元回家，普京似乎並沒有太多的興奮。因為他知道除了日本政府援建醫院等幾個項目是新的除外，其他幾十個項目都是在過去幾年談了多次一直沒有兌現的「舊貨」，包括三井物產等企業主導的西伯利亞石油天然氣開發的項目。

深圳衛視直播港澳台節目問了我一個問題：「此次普京訪日，到底與安倍存在多大的溫度差？」我說，我們來瞧一瞧兩人在會談後舉行的記者會，就可以發現甚麼叫「各唱各的調」。

安倍首相在記者會上說，通過兩天的會談，與普京總統在一系列問題上達成了共識。過去七十一年，日俄兩國還沒有簽署《和平條約》，是一個異常的事，這個問題必須在我們的時代我們的手中解決。兩國必須尋求共存互惠互利，描繪出面向未來的兩國關係。所以兩國應該推進在特別制度下的北方四島領土上的「共同經濟活動」，在共通的共識之下，制定出只適合於日俄兩國的特別制度。我們期待通過實施「共同經濟活動」，為簽署兩國和平條約邁出重要一步，但是我們也很清楚，要實行這一目標並不容易，需要兩國釀造信賴關係。

安倍的發言，自始至終沒有離開「北方四島」。

而普京在記者會上一開口，居然先聊二〇一二年野田首相送給他的那條秋田犬。他說：「這是一條值得尊重的狗。」普京說，日俄兩國在經濟領域有很大的合作空間，這次簽署的八個領域八十餘個項目，將為擴大兩國的經貿合作，進一步發展兩國的關係，為締結和平條約創造條件。

普京在記者會上用大量的篇幅闡述了日俄開展經濟合作的重要性，並指出如果日俄擴大能源合作，將可以保證日本百分之八的石油天然氣的需求量。普京為此呼籲日本企業擴大對俄羅斯的投資，並希望在俄羅斯舉行經濟論壇。

面對安倍不斷拋來的眼神，普京最後點了兩國的政治關係問題。他表示，已經指示外交部給原島民們的訪問提供簽證便利。兩國需要尋找問題解決的途徑，釀造簽署和平條約的環境。不過普京最後還是強調說，日俄關係必須整體考慮，率先發展經濟合作十分重要。

普京的發言，自始至終沒有離開「經濟合作」。

那麼，我們應該如何來看待普京的此次訪日與兩國首腦的會談？

日本外務大臣岸田文雄在普京結束日本之行後對記者說，這次的首腦會談取得了重大的成果，在原島民回島掃墓訪問、兩國建立特別制度在北方四島實施「共同經濟活動」，盡快締結和平條約等問題上，達成了共識。他顯然是自讚自畫。

但是，日本執政的自民黨幹事長二階俊博對於安倍未能在北方四島領土問題上與普京達成協議表示了極大的不滿，他說，就一個簡化原島民們回島掃墓的事當成果顯然無法樂觀。「大多數國民都感到極大的氣憤，我們需要能夠銘記在心的東西。」他說：「哪怕花費三四天，首相也應該關在房子裡與普京榨出大家都能滿意的結果來。」

二階作為安倍政權的第二號人物，他說的話也沒有錯。因為安倍與普京達成的幾點共識都是預支支票，能否兌現，還需要今後的艱難談判。尤其是在俄羅斯拒絕談論主權的背景下，如何制定出符合日本利益的「特別制度」，讓日本企業和民眾在北方四島獲得「日本國民待遇」，不是一件簡單的事。所以，目前所謂的成果也只是「充飢」的「畫餅」。

對於普京來說，在北方四島領土主權問題上未作出任何讓步，卻能夠獲得三千億日元的投資與援助，應該是成果非凡。但是，這八十多個項目最終能否全部兌現，也取決於俄羅斯在北方四島的「共同經濟活動」的「特別制度」制定上是否有讓日本滿足的內容。所以，普京帶回的訂單，依然充滿了諸多的未知數。

其實，普京心裡是很清楚，北方四島的任何一島都不能交到日本的手裡。因為在《日美安保條約》的框架下，一旦有其中一個島成了美軍基地，那麼美軍扔一枚手榴彈就可以炸到海參崴的俄羅斯太平洋艦隊。安倍心裡也很清楚，不可能從俄羅斯手中要回北方四島。但是必須將這場戲演下去，不管有沒有結果，重要的是，要讓國民看到——我在努力！雖然是一場無望的苦肉計。

叫日本道歉為何這麼難

日本NHK電視台在二〇一七年八月十三日晚上九點鐘的黃金時間段裡播出了一部專題片《七三一部隊的真實》，全面而真實地反映了當年日本的七三一部隊在中國哈爾濱郊外的平房如何研發細菌武器、如何拿中國人等做人體試驗等兇殘暴行。我看了這部片子，感到極為震驚。一方面，我在過去幾年跟蹤過日軍細菌戰的中國受害者在東京起訴日本政府的訴訟案，了解七三一部隊的問題，也訪問過七三一部隊的陳列館，都沒有像這部專題片揭露得那麼血淋淋，那麼生動與詳盡。另一方面，日本的這家半官方電視台憑藉甚麼力量，居然有這樣的勇氣來向自己的國民揭露舊日本軍隊在中國犯下的如此慘絕人寰的一段歷史。

這部專題片播出的時間正好是日本投降七十二周年紀念日來臨之際，因此受到了日本社會的極大關注。我看完之後馬上寫了一條微博，介紹了這部專題片，沒有想到，這條微博引起了眾多網友的關注，在短短的兩天時間裡，閱讀量超過了一千三百萬，這一數字意味著，一百個中國人中就有一位看了這條微博。

網友們在讚賞NHK電視台的同時，也問了一個問題：為甚麼NHK有如此的膽量來播放這樣揭露日本醜惡歷史的節目？

NHK電視台的標準名稱叫日本放送協會。由於日本政府在第二次世界大戰期間嚴格控制了媒體，並因此煽動民眾參與侵華戰爭和太平洋戰爭，結果導致日本這個國家差一點毀滅。正因為有這個血的教訓，日本戰後嚴格限制政府與媒體的關係。所以，日本無論是報紙、雜誌還是電視台、電台，沒有一家是政府出錢辦的，也就是說，日本沒有官方媒體，所有媒體都是民營的，而且都不上市，以避免媒體的公正性遭到股東們的左右。有人問過我一個問題：「徐先生，你們亞洲通訊社的主管單位是誰？」我說：「我們沒有主管單位，日本任何一家媒體都沒有主管單位，如果說有的話，那就是董事會。」所以，NHK也沒有政府主管單位，它的最高決策機構，是自己的經營委員會。

NHK原來是一家政府主管的電台，成立於一九二三年。一九三九年時，它設立了一個電視局，首次實施了電視信號的發射與接收。第二年，拍攝播放了日本第一部電視劇。在第二次世界大戰期間，NHK是政府最大的喉舌，幾乎所有重大的戰地消息都由NHK播送，就連大家所熟悉的日本天皇讀的投降聲明也是由NHK在一九四五年八月十五日播送的。戰後，NHK被聯合國軍接管，一度被禁止向海外播送。一九五〇年，NHK正式開始電視節目的播放，當時是一個星期播出兩天，每次播放時間為三小時。此後，電視事業越來越發達，NHK逐漸地被人遺忘了電台的功能，成了日本最有代表性的電視台。

日本全國播放的電視台共有六家，NHK是屬於特殊的一家，它不屬於公司制，而是屬於協會制度，所謂協會制度，它是一家公益性電視台，為了保持電視台的報道的中立性，NHK是唯一一家從來不做商業廣告的電視台。那麼它靠甚麼維持呢？日本國會制定了一部《放送法》，允許NHK向收看電視的家庭收費，每個月是一千二百六十日元左右，大約是七十六元人民幣。不夠的部分，由政府從國家財政中予以補貼。二〇一七年，NHK的預算是七千億日元，政府給予的財政補貼是三十六億日元，大約是二點一億元人民幣。雖然政府的補貼經費不多，但是，NHK是日本六家全國電視台中唯一一家接受政府財政補助的電視台，因此，它具有半官方電視台的性質。

NHK電視台的報道，包括對中國的報道，基本上能夠保持客觀中立，很少有評論。因此，在日本國民的心中，NHK是一家立場公正的電視台。它在過去拍過近百集的中國紀行的紀錄片，介紹中國各地的風土人情，為此掀起了日本社會的中國旅遊熱。每年的八月十五日日本投降紀念日前夕，NHK都會製作和播放有關日本侵華戰爭和太平洋戰爭的特別節目。但是最近十年來，幾乎所有的電視台都把主題轉到了太平洋戰爭，努力強調日本人在這場戰爭中如何蒙受苦難，軍人們如何為保護日本而血戰，把自己扮成了一個典型的「受害者」。

尤其是從二〇一二年安倍重新上台後，顯然是為了控制NHK，安倍安排了自己的親信、曾經擔任過三井物產公司副社長的籾井勝人出任NHK經營委員會會長，在歷史問題上與安倍首相立場完全一致的籾井勝人，在擔任會長之後，禁止一部反映慰安婦問題的節目播出，引起了社會輿論的極大反響，也引發了NHK電視台中富有正義感的記者、編輯們的強烈不滿。

NHK電視台有一大批具有民主主義情懷的記者、編輯，他們認為客觀報道是媒體人的職業道德，更是一家媒體的生命與公信力所在。教育國民不走戰爭老路，維護和平生活是日本最大的利益所在，因此反省歷史是時代的必需，也是日本國家未來的必需。

但是在籾井的高壓下，NHK在過去幾年中，凡是反省侵略與殖民統治歷史的電視片都沒能播出。二〇一六年十二月，NHK經營委員會九名委員中，以七人贊同、二人反對的結果，決定邀請三菱商事副社長上田良一取代籾井勝人，出任NHK經營委員會的新會長。曾在法國和美國長期工作的上田良一，顯然支持電視台內一大批富有正義感的記者、編輯們的立場，使得這幾部沉澱多年的專題片相繼播出。

八月十二日晚上，我偶然瞄了一眼NHK電視台，發現電視台正在播送一個專題片《本土空襲全記錄》，介紹美軍當年對日本全國的無差別大轟炸，炸死了四十多萬日本平民，其中東京就有十四萬人被炸死。

節目不僅用大量的紀錄片和資料回顧了日本投降前遭受美軍大規模轟炸的悲慘，同時也引用當年美國指揮官之口講出了美軍要無差別轟炸日本的基本理由，其基本理由有兩點。第一，日本從一九三八年開始對中國各地尤其是重慶進行了大規模的轟炸，重慶遭受過的日軍轟炸就達二百餘次，至少造成一萬多名無辜平民死亡。日本是人類歷史上第一個通過轟炸實施無差別大屠殺的國家，因此，理應遭到同樣的報應。第二，日軍偷襲了珍珠港，造成美軍二千餘人死亡，這一筆血債必須報。

這是我第一次聽到日本的電視台如此清晰地告訴國民：原來是我們先做了壞事，然後遭到了報復。

而第二天夜九時的黃金時段，NHK又播出了一個專題節目，叫《七三一部隊的真實》。日本政府一直以沒有歷史資料為理由，拒絕公開承認七三一部隊當年在中國哈爾濱郊外製造毒氣彈，並拿中國人和俄國人做活人人體解剖實驗的罪行。

但是，NHK電視台這次卻從俄羅斯拿到了長達二十四小時的原七三一部隊成員的認罪錄音，因為七三一部隊的大部分成員都在一九四五年被蘇聯紅軍俘獲，並被關押到西伯利亞，在哈巴羅夫斯克法庭上接受了審判。

這二十多小時的錄音，既有關東軍軍醫部長的認罪，也有參與殺害中國人和俄國人的軍醫和

NHK
NHK
731部隊の真実
8月13日(日)夜9:00
関東軍 軍医部長
それから人体実験を行ったという
2つの点であります

士兵的認罪，十分完整地再現了當年七三一部隊製造毒氣彈、進行人體實驗、對女性實施殘暴蹂躪的犯罪事實。節目還通過採訪當年的七三一部隊老兵，展示數百件歷史資料和部分當年的紀錄片，第一次向世界公開了七三一部隊製造的一起近代史上滅絕人性的兇殘暴行。

關東軍軍醫部長在法庭上承認，七三一部隊從事了細菌戰攻擊研究。他說，同時也從事了人體實驗，這兩點是事實。七三一部隊隊員證實，自己看到過手腳和臉遭受細菌毒氣腐蝕而霉爛的人被關進拘留所。他說，使用腐蝕性毒氣進行了人體實驗。

這部專題片長達五十分鐘，相信所有看了這部專題片的日本人和在日的中國人、其他國家的人們，一定會為七三一部隊的兇殘感到憤怒！無疑，這部專題片也提醒了日本民眾，七十多年前舊日本軍隊在中國屠殺了眾多無辜的平民。

但是，我們注意到，播放《七三一部隊的真實》電視片，並不是日本政府的指示。安倍首相在八月十五日舉行的全國追悼儀式上致辭時，一個字都沒有提日本對鄰國的加害責任，也沒有一句道歉的話。

NHK作為一家半官方的電視台，在日本「投降紀念日」來臨之際，能夠以如此公正與正義的立場還原日本曾經發動的侵華戰爭和太平洋戰爭的真實，揭露舊日本軍隊的暴行，自曝家醜，這種勇氣，值得我們的敬佩和尊敬！希望有一天，NHK 能夠製作出一部真實反映南京大屠殺的電視片來，讓日本國民了解他們的祖輩曾經在中國犯下的罪行，也因此融通中日兩國國民在歷史問題上的認識，以此來改善兩國國民的感情，真正讓中日兩國成為不再發生戰爭、世代友好的鄰居。

一位訪問中國六百次的日本老爺子

記不得是在哪一年，哪一個場景，見到白西紳一郎先生。只知道他很牛，與中國歷代領導人都握過手，拍過照片，幫過中國不少忙。他說他是「中國人」，因為故鄉在廣島市，那裡屬於日本的「中國地區」。

那一天，他拿出一張銀行卡給我看，上面印著四個漢字「中國銀行」——是他老家的地方銀行，與北京的中國銀行毫不搭界。

不管聊甚麼，老先生都喜歡把自己往「中國」上扯，帶著抹不去的「中國情結」。也難怪，在過去的五十年間，他訪問過中國六百多次，踏遍了中國的山山水水。但一直沒去台灣，說是要等到統一的那一天再去。

白西先生五歲的時候，美軍往廣島扔了一顆原子彈。他沒死，但家沒了。一九六〇年，他考入著名的京都大學，念的是東洋史專業。在大學裡，白西先生加入了日中友好協會，開始從事日中友好事業。因此很喜歡站在中國人的視角，講述日本發動的那場侵略戰爭。

二〇〇九年十一月，白西先生上廁所，發現便血。上醫院一檢查，查出了大腸癌。醫生說，你得馬上住院動手術。白西先生說：「得等一等，我接下來要接待一位重要的中國客人。」翌月，在接待完習近平副主席（當時）訪日活動之後，他被送進了醫院。

有一天，我接到了他的助手的電話，說白西先生想見見我。我問在哪裡，他告訴我是國立癌症研究中心中央病院，我才知道，老先生得了癌症。

醫院在東京著名的魚市場——築地。老先生穿著病號服在走廊的小會客室裡等我。見到我便說：「明天要動手術，有些不安，也不知道能否醒過來，所以想找你聊聊。你是日中交流的年青一代，做媒體工作，希望你能夠挑起友好日本人的重任。」

老先生這麼一說，我突然有些心酸，就像孩子聽父親的臨終囑咐一樣，使勁兒地點頭。

在醫院裡，白西先生第一次跟我聊起了他與中國的故事。

大學一年級時，白西先生認識了一位華僑同學，兩人談到廣島原子彈爆炸的話題時，那位華僑同學說：「廣島遭到原子彈轟炸是應得的報應。」這句話，讓白西感到十分震驚，原來中國人是如此看待廣島事件的。他並沒有因此感到憤怒，而是開始反思日本發動的侵華戰爭與太平洋戰爭的罪惡性。一九六五年，他大學畢業後，開始從事國際問題評論。一九六七年，認識了前首相石橋湛山。石橋先生邀請他去日本國際貿易促進協會工作，石橋先生當時擔任會長。而日本國際貿易促進協會是中日兩國未恢復邦交正常化之前，日本對中國展開民間交流的一個半官方的窗口。

一九六七年五月，白西先生跟隨石橋會長第一次踏上了中國的土地。

「我進協會不久，剛好在天津有一個科學儀器展覽會，日本也派了一個團前去參展，石橋會長叫我一起去，因為我學了一點兒中文。」白西先生回憶說。當時中日之間沒有航線，代表團先從東京坐飛機到香港，在香港等候兩天，拿到簽證後進入深圳。「那時的深圳是一個貧窮的農村，甚麼都沒有。從深圳坐汽車到廣州，然後從廣州坐上火車，坐了五天的火車，才抵達天津。」

天津活動結束後，代表團到了北京，住在北京飯店。「第三天，突然通知我們去中南海，在一個有紅柱子的房子裡等候了一個多小時，突然進來一群人，為首的是毛主席。我們沒有想到，毛主席會接見我們，當時正是中國『文化大革命』最火熱的時刻，中國人對於毛主席的敬仰之情早已經感染了我們，所以當毛主席握了我的手後，真的是好幾天都不肯洗手。」

毛主席的接見結束後，白西先生作為國際紅衛兵，參加了「大串聯」，他與同伴們一起走遍了韶山、井岡山、遵義、延安等革命聖地，實地了解毛主席和中國革命的歷程，認識中國國情。這次「大串聯」讓他一直到晚年還能用中文唱紅歌。

跟我聊完這個故事的第二天，他就進了手術室。手術很成功。我再去看他，他說想吃鰻魚飯，但是醫生不允許他吃。

白西先生出院後，剛好趕上聖誕節。我和幾位中國友人一起請白西先生一聚，給他帶去了一瓶紹興酒。他喝了幾杯，然後帶我們去了一家中國人開的酒吧，戴上聖誕老人帽，唱了一首《我愛北京天安門》。

一九七〇年，白西先生離開日本國際貿易促進協會，協助中日友好的大前輩岡崎嘉平太先生籌建日中協會。一九七五年，日中協會正式成立，白西先生出任幹事，開始了日中友好的職業生涯，先後就任事務局局長、理事、常務理事、理事、理事長。日中協會作為日本全國性的日中友好七團體之一，主要擔任政治外交方面的溝通工作，為推進中日友好與合作起到了重要的作用。尤其是他堅持三十年帶領日本友好人士到南京植樹，培植櫻花林，為當年日軍製造「南京大屠殺」事件贖罪。甚至帶日本前首相鳩山由紀夫到「南京大屠殺」事件紀念館訪問，以此教育更多的日本人樹立正確的歷史觀。

二〇一七年五月，白西先生給我打電話說日中協會要舉行演講會，叫我講一講中國的「一帶一路」倡議和採訪二〇一七年中國兩會的情況。那天的演講，他一直在邊上躬著背站著。我實在不忍心他的辛苦，幾次請他落座，他堅持了好久，才慢慢坐下。

演講完後，他一定要叫我去喝一杯。許久沒有看到他，發現他消瘦了許多。離開會場時，他手裡推了一個小旅行箱，我說我幫他推，他說：「不行，這是我的拐杖。」我下意識地掏出手機，給他拍了一張背影。

到餐館上樓時，他需要緊緊地扶住樓梯的扶手才能一步一步地往上挪。我要去牽他的手，他堅決不讓，堅持自己挪上二樓。

即使步履如此艱難，凡是中國人搞的活動，無論是畫展還是演出，甚至是日語學習班、同鄉會成立，只要邀請他，他一定會努力到場，並大聲致辭。在日本的中國人，都喜歡叫他「お爺さん（老爺子）」。

二〇一七年十月七日，白西先生從東京坐新幹線趕到大阪，參加大阪華僑社團組織的中秋明月節活動的剪彩儀式。夜晚，白西先生回到下榻的酒店，倒在浴室，第二天上午才被發現。他就這麼走了。七十七年的人生，就這麼畫上了句號。

我聽到這一消息，拚命地撥打他的手機，希望有他的回音，但是手機語音一直提示：「對方已關機。」

白西先生的好友木村知義先生給我來電，我說：「過幾天，我要去北京採訪中共十九大，我會帶上白西先生的照片，在人民大會堂為他留個影，最後去一趟他熱愛的中國。」

我做到了！冥冥中，了卻了白西先生的一個遺願。

滯留中國七十多年的日本女人水崎秀子

一條新聞引起了諸多人的關注：一位日本女性滯留中國七十五年，先後嫁過五個中國男人，如今是陝西省丹鳳縣竹林關鎮李家灣村的村民，已經八十八歲。

我把這條消息轉給了相識的日本駐中國大使館官員。沒想到，日本大使館掌握這位日本老太太的情況，因為認定過她「殘留孤兒」的身份。

這位滿口陝南話已經說不清日語的老人，中國名叫王玉蘭，日本名叫水崎秀子。一九二九年，她出生在日本福岡縣福岡市的一個名叫浜崎今津的漁港小村。

水崎秀子的小學，是在家鄉的今津小學校念的。這所小學創建於明治三十一年（一八八九年），校舍的背後，是十三世紀時當地軍隊抗擊元朝軍隊進攻的陣地，現在還留存著當年的土壘。

水崎秀子為甚麼會來到中國？這要從她的家庭變故說起。

水崎是家中的獨生女，在她十一歲時父母離異（一說是母親病故），父親水崎寺太郎娶了第二位妻子，也就是水崎的繼母。繼母對她非打即罵，還把她父親存的錢捲走，不知去向。十三歲時，水崎來到中國長春，投奔做生意的姑父宮本三郎，並在姑父的雜貨店裡幫忙。一九四五年日本戰敗，十六歲的秀子因害怕回到日本繼續受到繼母的虐待，選擇留在中國，並在姑母的撮合下，嫁給了國民黨軍官宗開國。

不久，宗開國在與解放軍作戰中失蹤，她只好寄身在另一個國民黨軍官李會新家中。長春解放後，李會新怕落下「兩個老婆」之名，將她嫁給另一國民黨軍人雷國順。一九四九年中華人民共和國成立後，她隨雷國順被遣返回位於陝西商南的雷國順的老家，到達雷家之後才知道他已有妻室，不願委曲求全的水崎，跑到鄉政府要求離婚。離婚後，秀子嫁給了老實巴交的農民宋智富。其間一直未能生育的秀子抱養了一個女兒。七年之後，第四個男人宋智富因患不治之症病逝，這一年水崎才三十五歲。水崎守寡到四十七歲，此時抱養的女兒也長大成人。

一九七六年，經人介紹，水崎改嫁到丹鳳縣竹林關鎮李家灣村，成了李明堂的妻子。

二〇一五年，老伴李明堂去世，水崎又成為孤單一人。好在有女兒、女婿照顧，基本生活還能保證。

水崎秀子命苦，不僅苦在自己的婚姻與生活上，還苦在自己作為「殘留孤兒」的日本人的身份曾遭到一名中國老太太的冒用。

一九九三年，一名中國老太太拿著「水崎秀子」的個人資料向日本厚生勞動省申請「殘留孤兒」資格認定。厚生勞動省根據這位老太太遞交的資料和所作的經歷陳述，認定她就是戰爭結束後遺留在中國的「水崎秀子」。一九九五年，這名假冒的「水崎秀子」帶著兒子孫子一家六口進入日本，並領取了日本政府的殘留孤兒生活補助和住宅，全家還獲得了日本國籍。

二〇〇二年，住在秦嶺深山的水崎得知日本人可以回國了，於是千里迢迢趕到北京，向日本駐中國大使館提出回國申請。但是，日本大使館向厚生勞動省查詢後，發現「水崎秀子」早已經回到日本。於是認定這位名叫「王玉蘭」的女人是假冒，並多次拒絕了水崎秀子的身份認定申請。

雖然離開日本這麼多年，讀過初中的水崎畢竟還有點文化，於是她開始往老家學校寫信，引起了學校和諸多老同學的關注。在日本市民團體的幫助下，日本警方開始調查「水崎秀子真假案」，結果發現，已經在日本生活了九年的「水崎秀子」是一名與日本毫不搭界的中國老太太，她和她的丈夫通過蛇頭組織花錢買到了「水崎秀子」的個人資料，繼而搞定了當地的官員，最後冒充「水崎秀子」偕全家進入日本。

二〇〇五年，日本警察逮捕了以「水崎秀子」孫子的名義在東京都葛飾區的一家中國餐館工作的「水崎賢忠」，繼而以「違反入國管理法罪」，逮捕了假「水崎秀子」和其家人。

對於這起「假冒殘留孤兒偷渡日本」的事件，我當時還寫過報道。只是沒有想到，與今天的這一新聞串聯了起來。

二〇〇五年十二月，日本厚生勞動省終於認定家住鳳凰縣竹林關鎮李家灣村的「王玉蘭」才是真正的「水崎秀子」。

當時日本大使館約談水崎時，根據日本政府處理殘留孤兒的政策，向她提出了兩點建議：一是回日本定居；二是由日本政府出資安排兩次回國探親。

水崎當時已經得知父親去世，自己又沒有兄弟姐妹，回到日本估計難以生活，加上自己在陝西已經有了新家，因此她選擇留在中國生活。

二〇〇六年四月，水崎和老伴李明堂一起回到了別離六十四年的日本，回到了自己的故鄉。在故鄉，她見到了唯一的親人——叔伯姐夫婦。

在故鄉幾天，水崎除了簡單的問候語，日語已經忘光，需要翻譯幫忙。又看到姐夫生病還半身不遂，於是更堅定了她在中國生活的決心。

在日本逗留十天左右，水崎與丈夫經上海返回了陝西。但回到中國後，因為不知道日本僑民身份認定及戶籍方面的相關規定，未及時去陝西省公安廳登記並換取永久居留證，水崎失去了成為中國公民的機會，也沒有去辦理日本的護照，去自己的老家政府恢復自己的戶籍資料，水崎因此成了既無中國戶籍又無外國人居住證的「黑戶口」，中國和日本兩邊的養老金與高齡生活補貼，都難

以領到。

但是，當地政府都知道水崎是一位「日本人」，在她八十歲生日的時候，鎮政府還送來了一個大蛋糕。幾個月前，陝西省公安廳曾致電水崎的女婿，希望他帶水崎的資料到日本駐華大使館重新認定身份以便解決其國籍問題。但子女顧及老人身體每況愈下，不能舟車勞頓且路途費用極高無力負擔等客觀原因，一直未能去北京的日本大使館申請。

水崎老太太估計這輩子是不會離開秦嶺深山回日本了。但是，今天的新聞已經引起了日本大使館的關注，或許外交官們的努力能夠讓水崎老太太享受一些日本政府救濟「殘留孤兒」的政策，感受自己祖國的最後一點兒溫暖。

關乎經濟

日本為啥規定星期五下午三時下班

從二〇一七年二月二十四日開始，日本實施一項特殊的勞動制度叫「優質星期五」。這項制度規定在每個月最後一週的星期五下午，政府機關和企事業單位一律在下午三點鐘下班。以加班為榮的日本，為何要實施這種特殊的勞動制度？這背後蘊藏著日本政府的一個大算盤。

大家一定聽過日本的一個名詞，叫「安倍經濟學」。這是安倍在二〇一二年年底上台以後提出的一項經濟改革措施。這四年來，安倍在推行經濟學的過程中到底取得了哪些成績？日本國內和國際輿論有不同的評價，就結論而言，是有褒有貶。

我覺得安倍經濟學在過去四年當中還是取得了不少的成績，尤其是他推行貨幣寬量政策，使日元大幅貶值。這一貶值，就使得絕大多數跨國企業實現了扭虧為盈，日本經濟出現了近十年來從未有過的好景氣。

在安倍的頭腦裡面，他有這麼一個構想：讓貨幣貶值，使得日本企業能從外匯的匯率差額中獲取高額利潤，這樣的話，企業有利潤就有錢。一方面，企業可以多上繳稅金增加政府的財政收入；另一方面，企業獲得的巨大利潤，可以通過增加工資和提高獎金等方式，讓員工們獲得更多的利益。員工手頭有錢之後，他就會去消費，這樣就形成了日本經濟的一個良性的循環。

但是事實上日本的消費市場並沒有按照安倍首相的這個構想在實施，原因有兩點。

第一點，是因為日本在二〇一四年提高了消費稅，消費稅從原來的百分之五提高到了百分之八。也許我們看來，這個增加了百分之三的消費稅其實並不是一個很大的數目，也就說，你去買一百元的東西，原先要支付一百零五元錢，提高消費稅後，變成了一百零八元，增加三元錢也不是甚麼大不了的事。但是，這三元錢給日本老百姓的消費心理帶來了極大的衝擊，他們的消費慾望受到了一定程度的遏制。

第二點，也是一個最致命的原因，就是日本企業雖然獲得了巨額的利潤，就像豐田汽車公司，他在二〇一五年年度的利潤突破了歷史最高水平，達到了二萬億日元（約一千二百一十二億元人民幣）。但是，就像豐田汽車公司那樣，日本企業並沒有把這些利潤用於大幅增加員工的工資上，也沒有多發獎金。各大企業把這些錢都存了起來（日語中稱作「企業內部留存」）。就像日本的「經營之神」稻盛和夫先生創建的京瓷公司，京瓷的企業留存有多少呢？根據稻盛和夫先生自己的說法就是，這家有八萬名員工的企業在未來七年中即使不賺一分錢，公司也不會倒閉。

為甚麼日本企業賺了錢之後不願意花出去呢？一個很重要的原因是因為他們知道安倍政府這種操控匯率獲取外匯差額利益的做法是兔子尾巴——長不了。這種不需要擴大出口就可以獲取利益的幸福日子不可能長久。所以，他們把賺來的錢都存了起來，以防經濟崩盤。

企業留存不是一件壞事情，企業留存越多，企業經營就越安全，技術產品研發投入可以更多。這是一種安全駕駛式的企業經營模式，總比有上頓沒下頓、到處找人借錢來幹活的企業要好。但是，企業不肯把賺來的錢多分一點兒給員工，那麼員工口袋裡就沒有多餘的錢，加上消費稅又提高了，結果就導致日本市場在過去幾年中一直處於低迷狀態，再好的東西，你打折也沒有人要。這也使得安倍經濟學的成功率大打折扣。因此有人認為，安倍經濟學是失敗的。

面對這種狀況，日本政府苦苦尋找振興消費市場的良策，終於想出了一個「優質星期五」的方案。

這個方案就是在每個月最後一週的星期五下午，所有的政府機關和企事業單位提前到三點鐘下班。讓人們早早地離開辦公室，離開工廠車間，走上街頭，走向消費市場。

這個「優質星期五」制度到底會產生怎樣的效果呢？大家可以早早地回家去照顧孩子、照顧家庭，同時更多的人可以約親朋好友聚一聚，喝一杯。可以輕鬆自在地逛逛街買買東西。同時還可以杜絕週末的加班，改革日本那種加班加死人的超時勞動制度，刺激整個消費市場的繁榮。

那麼，日本實施「優質星期五」制度的第一天，日本的一些政府領導人是怎麼度過的呢？安倍首相在下午三點鐘就結束工作，跑到東京的一個寺院裡面去坐禪坐了一個小時。然後又跑去看了兩個小時的音樂會。日本外務大臣岸田文雄離開辦公室後，約了幾位老同學去喝酒。日本產業大臣則跑到一個專門學做菜的學校學做蛋糕。

那麼，日本一般的老百姓在星期五提前下班後，都去幹甚麼了呢？《日本經濟新聞》做了一次輿論調查，結果顯示，有百分之四十八的人選擇跟自己的家人、親朋好友一起聚餐；有百分之四十二的人選擇逛街買東西；有百分之二十七的人選擇看電影；還有百分之二十八的年輕人選擇跟戀人約會；有百分之二十一的人選擇泡溫泉旅遊。他們在這一天平均的個人消費預算是一萬一千日元，也就是六百六十元人民幣。

日本的市場人士分析認為，「優質星期五」制度的實施，至少會給日本的三大產業帶來巨大的刺激。

第一是百貨公司等零售業。因為一般的日本百貨公司都是在晚上八點鐘關門，當一個企業員工，他加點班，然後再要趕到百貨公司去買東西的話，時間過於緊張，趕到百貨公司時，人家就要下班了。所以，提前下班的話，人們可以有一個寬鬆的逛街購物的時間，可以提升零售業的銷售額。

第二是餐飲業。像東京這樣的國際大都市，東西南北城區很大，平時下班後約朋友聚一聚，大家很費時間。實行優質星期五制度之後，大家可以輕鬆地約一個地方相聚，喝喝酒、聊聊天，將會大大刺激餐飲業的發展。日本一般的飯店是傍晚五點三十分開始營業，但是實行優質星期五制度之後，許多店都提前到了下午四點鐘就開門營業，營業額至少可以增加百分之二十。

第三是旅遊業。日本的溫泉酒店旅館有一個規矩是包晚餐和第二天早餐。尤其是晚餐，是每家溫泉酒店旅館吸引遊客的一大賣點。但是溫泉酒店旅館的晚餐時間大多數是從晚上六點鐘開始。如果五點鐘下班的話，要在一個小時內趕到東京郊外的風景區去泡溫泉吃飯，是不可能的。那麼，實施「優質星期五」制度之後，幾個閨蜜一起坐上新幹線列車，一個多小時就可以抵達東京附近的伊豆半島、箱根富士山景區，剛好能趕上吃晚飯，這樣的話，泡一個溫泉，吃一頓美食，好好消除一下一週工作的疲勞。另外，一直低迷的情人旅館，估計生意也會好起來。所以，「優質星期五」制度會拉動旅遊業的發展。

「優質星期五」制度的實施，還將刺激日本一項新興產業的發展，那就是賭博業。日本國會已經通過了相關的法案，允許發展賭博業。這幾天，拉斯維加斯、澳門等一些世界著名的賭博公司的老闆都聚集在東京，與日本政府交涉開賭場。日本政府已經計劃在大阪、横濱、東京設立特區開賭場。所以，一旦星期五提前下班，估計會有不少人跑到賭場去賭錢，為日本政府增加稅收做貢獻。

毫無疑問，「優質星期五」制度的實施，將會刺激消費市場的成長。但是，它能否拯救安倍經濟學，還是一個未知數。

我們該如何看待日本「失去的二十年」

有人問我：「徐先生，日本為甚麼在過去會失去二十年？」我跟他講，我不怎麼同意「失去」這一概念，其實在過去二十年中，日本並沒有失去甚麼，只是發展緩慢了些。二〇一七年十一月初，我從東京汽車展到青森縣做不鏽鋼門窗的丸佐佐藤製作所，看了從最先端的汽車製造技術到最末端的地方民營企業，感悟到日本的產業創新、技術創新在過去二十年當中，不但沒有停止、沒有失去，相反的，在許多領域，依然引領著世界。

我們說「日本失去二十年」，是相對於中國在過去二十年的高速發展。中國在過去二十多年間，GDP 增長率始終保持百分之十以上的高速增長。而日本在過去的二十年中，它的 GDP 的增長率一直處於零增長或者百分之二增長率的水準，處於一個超低速增長的時期。因此，我們得出一個結論——日本失去了二十年，其實是拿中國做比較的。

日本為甚麼在過去二十年的發展會比中國緩慢？

主要原因是因為它過去發展過猛，出現了嚴重的經濟泡沫。日本從二十世紀六十年代開始進入經濟高速發展期，GDP的增長率也高達百分之十以上。日本人甚至將紐約最有代表性的幾棟大樓都買了下來，不少日本人喊出了「超越美國」的口號。但是，到了二十世紀九十年代初，日本經濟出現了泡沫崩潰。泡沫崩潰後出現的第一個大問題是房地產市場價格的暴跌，跌掉了百分之五十。其次就是產能嚴重過剩。

由於日本實行的是完全的市場化經濟，政府不能直接對企業和市場進行太多的強制干預，因此日本企業的產業結構調整和去產能問題的過程顯得有些漫長。不過，喜歡抱團的日本企業面對泡沫經濟的崩潰，為了去產能求生存，他們就實施了相互合併的手段，日本鋼鐵公司原來有六十七家，通過合併，目前只剩下三家，包括目前因為數據造假而成為話題的神戶製鋼公司。主力銀行當時也有幾十家，通過合併，目前也只剩下了住友三井、東京三菱UFJ、瑞穗三大主力銀行。

修復泡沫經濟的創傷，日本用了十年的時間。二〇〇〇年之後，日本企業恢復了生機，出現了大規模的向外投資，三萬多家日本企業大量投資中國。

最近幾年，我們又看到日本傳統的白色家電產業進入一個更新換代的時期。包括中國和韓國在內的一些亞洲國家，不僅技術水平和製造能力已經得到很大提高，而且由於成本比日本低，因此日本的家電企業已經沒有任何的競爭力。所以，夏普賣給了台灣的鴻海集團，三洋的電冰箱、洗衣機賣給了海爾集團，NEC公司的電腦賣給了聯想，東芝的白色家電賣給了美的集團。這些現象，讓我們產生了一種誤解，覺得日本企業不行了，已經到了砸鍋賣鐵的地步。其實，這只是日本企業進行產業結構大調整的一種現象。

日本企業的實力到底有多強？

我來說兩個數據。

第一，企業的現金留存量創下了歷史新高。日本各大企業在過去五年間，企業內部的存款淨增了一百萬億日元（約六萬億元人民幣），達到了四百零六萬億日元，創下了二十世紀九十年代初泡沫經濟崩潰以來的最高紀錄。日本經營之神稻盛和夫說過一句話，他創立的日本京瓷公司，目前企業的資金實力在七年內不賺一分錢，也可以維持五萬名員工吃喝和企業的正常運營。所以，日本企業擁有大量現金存款，讓銀行日子難過。日本銀行協會的調查顯示，即使貸款年利率只有百分之一點五，依然有百分之七十五的日本企業表示不要銀行貸款。

也許有人會認為，企業擁有大量的現金不去投資是一個損失。但是許多日本企業認為，擁有豐富的資金，不僅可以抗御隨時可能出現的市場風險，同時也能保證企業有足夠的資金從事技術開發，讓企業經營永遠處於「安全駕駛」的狀態，保證企業的久盛不衰。「獲取短期的暴利與快速發展不是企業經營的目的，擁有長久，才是企業經營的命脈。」許多日本企業是這麼想的，因此也決定他們很少願意去做自己主業之外的事情。從另外一個角度來看，這些日本企業是「有錢不賺，過於保守」。

第二，日本的技術專利數量目前依然佔據世界第二位。擁有大量的資金，使得日本企業願意投資新技術的研發。日本企業的技術研發始終保持著一個階梯式的有序推進，雖然他們的技術並非百分之百都得到應用，但是不斷創新的技術，能夠保證日本企業尤其是製造業及時應對國際市場的變化和新產業發展的需要。索尼公司的一位技術部長跟我說過一句話，他們現在在研發十年之後的技術。所以，日本企業的技術儲存力量還是很堅實的。以技術引領產業，以技術發展經濟，保持日本的綜合實力，一直是日本社會的一個基本的認識，更是日本企業發展的一個準則。

所以，日本在過去二十年中，如果要說它「失去」了甚麼？最大的失去，應該是GDP的增長數字，而不是它的實力。我們在過去，已經習慣於拿GDP的數字來說明增長發展的成績，但是經過高速發展的日本，已經感知到發展過速所帶來的不科學、不協調的結果，因此開始回歸踏踏實實的努力中。對於日本社會來說，政府的獲得感是次要的，人民的獲得感才最為重要，因為選票是捏在人民的手中，人民得不到實惠，立刻會把你轟下台。正因為如此，日本才會出現國家預算的百分之三十用於社會保障支出的結果。

日本已經爬上過山頂，現在下山到了低谷總結爬山的經驗教訓。中國還處於爬山途中，渾身有勁充滿希望。任何一個國家一個社會的發展，都會有一個輪迴的過程。如果能夠研究前面一位登山者走過的彎路，學習而不是嘲弄其登上山頂的成功經驗，那麼，後來的登山者一定會尋找到更好的捷徑，攀登自己的高峰。人類就應該是相互學習和借鑒並因此成長發展的伙伴。

最後，我來講一個華為的故事。華為的手機正在超越蘋果，不出幾年，華為一定會成為世界銷售量第一的手機。當我們在為華為鼓掌的時候，我們必須看到，它的技術研發中心在哪裡？原來是在深圳，現在搬到了日本。因為華為在深圳研發了許多年，一直沒能獲得突破性技術。於是，華為將研發中心搬到了海外，通信設備的研發中心主要放在德國。而手機技術的研發中心，放在了日本的橫濱市。目前，華為招聘了四百多名來自日本索尼、松下、東芝、富士通等以前生產手機的技術人員，由這批日本手機專家為華為研發新技術。所以，任正非先生是一個很聰明也很謙虛好學的企業家，他看到了日本技術的力量。

所以，我們中國目前和今後一段時間，最需要的不是積蓄資本，而是積蓄技術。一個製造業大國，如果沒有自己的技術研發能力，即使再有錢，也永遠會落後於別的國家，被別人牽著鼻子走。而日本在經過幾年的產業結構調整後，會重新煥發出一種生機。所以，我們不能小看這個國家，同時應該尋求與日本更多的技術合作來壯大自己。華為所走的路，已經為大家提供了一個成功的案例。

日本買房的人為何越來越少

春節前，日本最大的公寓樓建設公司「長谷工」的執行董事大門先生請我吃飯，吃意大利料理。他帶我去的那家意大利餐廳在東京都的麻布。

麻布位於六本木的邊上，是東京一個有名的高級住宅區。這個住宅區有兩大特點：一是外國的大使館多，中國駐日本大使館就在那裡。二是高級公寓樓多。

麻布的高級公寓樓都有一個特點，樓層都是五層以下，掩映在綠樹叢中。大門先生說，日本所謂的高級公寓樓，有幾個基本特徵：一是樓層不高，一棟樓裡就十幾戶，最多也就三十來戶人家。二是在市中心，但不是在市中心的繁華街區或者商業區，而是在寧靜的住宅區。三是外觀並不豪華，但是室內裝修絕對頂級。

我問他一個問題：「這些高級公寓樓的主人都是些甚麼人？」大門先生告訴我，首先是成功的企業家，其次是高級商務人員，再次是演藝界明星，最後是外國人的企業高管。但是，他告訴我，高級公寓樓基本上是出租房為主，很少有普通的住家。原因是租金收益很好，一個月多則二百萬日元，少則六十萬日元，按人民幣計算的話，每個月的房租就是三萬六千元到十二萬元之間。

在東京首都圈，上下班坐輕軌地鐵一個小時是一個很正常的時間，或者說是標準的上下班所需要的時間。從東京市中心坐輕軌地鐵一個小時，可以到達哪裡？可以到達神奈川縣的橫濱市、埼玉縣的埼玉市和千葉縣的船橋市。換成上海的概念的話，可以到達江蘇的蘇州、崑山，浙江的嘉興和上海郊外的青浦、松江。也就是說，六百萬白領每天都是從這些地方離開家到東京市中心來上班的。

東京首都圈的白領們買第一套房子，平均年齡是在三十五歲，而在中國是二十七歲。東京人一般二十二歲大學畢業，三十歲結婚，生下孩子要上幼稚園了，不少人才感覺自己需要一個真正意義上的家，於是考慮買房子。

在距離東京市中心一個小時車程的東京衛星城市，一套三室一廳的精裝修公寓樓，使用面積一百平方米（按照中國建築面積算的話，是一百三十平方米），售價一般為三千五百萬日元，大約是二百萬元人民幣。因為日本年輕人結婚沒有向父母要婚房的習慣，因此要買這套房子，一般是首付百分之二十，其餘的二十年分期付款。也就是在五十五歲退休前，把最後的房貸還完。這是日本人買房子的普遍方式。

日本的白領在其一生中經常面臨的一個問題是工作的調動。三年一換崗，是日本大企業的普遍做法。因此，作為企業戰士，常常會被派往地方工廠或者海外分公司去工作，甚至中央機關的幹部也會被派往地方城市的政府中去擔任不需要經過選舉就可以任職的職位，接受基層工作的鍛煉。因此，日本人的移動性很大，有的時候，一家人舉家前往，有的是企業戰士一個人前往，一個人去外地工作，日語中有一個專用的名詞，叫「單身赴任」。

一旦單身赴任，妻子和孩子就成了留守婦女與兒童，就要守家。有的人因此感覺到，如果不買房子的話，就沒有住房的負擔，一家人跟隨丈夫走到哪裡就可以在那裡安家。比如來到中國工作，無論是在上海還是北京，租房子居住，房租還可以申請公司補貼，幾乎可以白住。

大門先生所在的公司「長谷工」是日本最大的一家專門開發建設公寓樓的公司，他說日本社會最近出現了一個新動向，那就是買房的人越來越少，租房子的人越來越多。

東京大學生生活協會的調查數據稱，東京年輕人結婚，百分之八十五的人是租房子結婚，還有百分之十的人是住在父母家裡或者單位宿舍裡結婚，真正買房子結婚的只有百分之五。出現這種情況的原因，第一是年輕人沒錢買房子；第二是日本沒有父母出錢給孩子買婚房的習慣，必須自力更生；第三是丈母娘也沒有一定要女婿買房子才肯嫁女兒的要求，不存在「丈母娘經濟」。

年輕人買不起房子，最大的原因是沒有錢，這可以理解；但是過了三十歲或者人到中年，還不買房子，這在中國就有點奇怪。

那麼，日本社會為甚麼會出現買房的人越來越少、租房的人越來越多的現象呢？最大的原因是日本人開始考慮自己的居住環境必須符合自己生活形態的變化而變化，尋求居住環境的絕對合理性。

比如說，孩子很小的時候，家要在學校的附近，便於接送孩子，也方便孩子上學。同時，有兩個孩子的話，必須要有三室一廳的空間。但是，當孩子長大，考上大學，離開家獨立或者結婚之後，家裡就剩下父母兩人，三室一廳的房子就顯得空空蕩蕩，而且每年的房產稅也要多交。年紀大了，不再希望自己的家還在學校的邊上，希望離超市近一些，離輕軌地鐵車站近一些，離醫院近一些。這時候，就要考慮搬家，但是買新房將要動用養老錢，而且舊房子已經不值錢，賣不出高價。因此，以前自己買下的房子就變成一種負擔。

如果租房子住的話，孩子上學時，房子可以租在學校的邊上；孩子長大後，房子可以租在離公司近一點兒的地方，減少上下班的體力消耗；等孩子上大學結婚離家後，房子可以租的小一點兒，省下一些房租；等自己年紀大時，就可以租到離醫院、超市近一點兒的地方，便於自己看病和買菜。這種根據生活形態變化而變化的租房生活，越來越多地被日本人接受，因此日本的房地產市場上，租房市場好過買房市場。

也有人會說，租房子雖好，但是如果每月支付租金，支付到最後，房子還不屬於自己；如果買房的話，每月還貸，還到最後，這房子就變成自己的了。這話沒有錯。

但是，有不少日本人是這樣認為的：我租房子生活，雖然支付的房租和每月還貸的金額差不多，但是，我不需要另外承擔房產稅，同時設備壞了也不需要我自己掏錢去買，通知一下房東就會過來給你修好。有錢時，我房子租得好一點，沒錢時，我房子租得差一點，人生有許多難以預測的變故，比如離婚、失業，如果是自己租房的話，這筆賬可以變得清清爽爽，但是如果是買房的話，夫妻之間的財產分割，失業後付不起房貸等問題就會迎面而來。更為重要的是，日本有財產贈與稅和遺產繼承稅，父母要把自己的房子轉讓給孩子，或者過世後房子需要孩子來繼承，都要支付財產贈與稅或者遺產繼承稅，稅額最高是百分之四十，等於是將近一半的房子錢需要交給政府。當孩子付不出這筆錢時，那也等於是父母親給孩子一個很大的經濟負擔，反而給孩子添了麻煩。在日本空房率日益增大的背景下，老房子不一定說賣就賣得出去。

正因為日本一直有一種租房的市場，因此在日本，尤其是像東京、大阪、福岡等大都市，許多公寓樓從設計階段開始就會確定是出租的不是出售的。日本的租房市場十分成熟，而且很有規矩：第一，房東希望你是長期租用，不會出現中國那種突然要把房子賣了把房客趕走的事情。第二，可以租用的房子遍佈城市的各個角落，可以根據自己的需求選擇不同地段、不同價位的房子。第三，房型從單身公寓到家族公寓，應有盡有，而且每套房子不管新舊，廚房、衛生間、洗浴間一應俱全，生活十分便利。

現在中國社會的情況與日本社會的情況相差甚遠，在中國，沒房子就沒有財產，也就沒有地位。但是，有房子的負面問題也會逐漸凸顯出來。二〇一七年我回浙江老家陪伴爸媽過年，家裡是一棟三層樓的房子，如今只有兩個老人在住。前幾年經濟好的時候，外地民工多，或者舊城改造拆遷戶多的時候，房子還能租出去，現在民工少了，舊城改造難度也越來越大，因此，租房子的人也越來越少。突然發現，有太多的房子也是一個負擔，如果拋棄舊有的觀念，日本人那種租房生活也不失為一種理性的選擇。

去日本投資買房有甚麼秘訣

東京的房子貴，還是中國北上廣地區的房子貴？前不久，我幫一位朋友算過一筆細賬，拿上海的徐家匯與東京的港區相比，徐家匯的公寓樓目前賣到了一平方米八萬元人民幣，相當於一百三十五萬日元一平方米，而地理位置與功能區域與徐家匯相同的東京都港區，目前公寓樓一平方米大約是六十萬日元。初看起來，東京的房價比上海便宜了一半，但是，我們不能忽視這兩個城市之間房地產市場還有兩個根本性的不同，徐家匯一百三十五萬日元一平方米的房子是建築面積，還是毛坯房。而東京都港區的房子每平方米是使用面積，而且是精裝修房，建築面積與使用面積的差額比，一般為百分之三十。加上精裝修的費用，得出的結論是，東京都港區的房價要比上海徐家匯的房價實際上便宜百分之六十左右。而且更為重要的一點是，日本土地實行私有制，而中國的土地是公有制，理論上買房者只有使用權。因此，在東京買房子絕對比在上海買房子合算。

那麼，在東京如何才能買到既便宜又安全牢固的房子呢？我採訪了一位旅日的華人買房專家、日本暖燈國際地產公司社長桂小川先生，聽他講講日本的房地產市場的故事。

中國的廣西壯族自治區簡稱桂，最有名的城市是桂林，自古有「桂林山水甲天下」的美譽。一九七五年，桂小川社長就出生在桂林。一九九五年，他大學畢業後，進入中國銀行桂林分行工作。第二年，就辭去銀行的工作去日本自費留學。

二十世紀九十年代的自費留日生活是很艱苦的，父母的工資都很低，沒有能力為孩子支付學費，更談不上給生活費。所以，在日本的所有學費、生活費的開支，都需要自己一個人去打工掙錢，而且必須省吃儉用。桂小川的留日生活就是在這樣艱苦的環境中度過的。我比他早五年去日本留學，所以，有著同樣的經歷和感受。

二〇一七年是桂小川社長留日二十周年的日子。前不久，他特意去給一位日本老人掃墓，這位長眠地下的老人曾經是他留學時代的擔保人。老人十分喜歡中國，給予了桂小川許多生活上的照顧，桂小川一直視老人如同父親。老人去世後，桂小川年年在他的忌日都要去墓前送一束鮮花，他說，人不能忘恩。

我一直覺得桂小川是一位商業天才。還在日本語學校讀書時，他就開始關注日本的房地產市場，並開始搜集相關的資料。一九九九年，在中國人對於房地產市場還沒有甚麼概念的時候，他已經在日本考取了「住宅地建築物交易主任」的國家資格證書，並進入日本一家大型的房地產中介公司工作，當起了交易員。

那時候，中國人在日本房地產市場當交易員，還十分罕見。桂小川一幹就幹了九年，不僅成為公司業績一直排名前五位的優秀交易員，而且把日本房地產中介交易與管理那套系統程序摸得滾瓜爛熟。

二〇〇九年，桂小川辭職單幹，成立了一家房產中介管理公司——暖燈國際地產公司，日文叫「ウォームライト」。為甚麼取名「暖燈」呢？桂小川社長的解讀

是，當一個人帶著辛勞了一天的疲憊回到家，如果看到家裡點著一盞燈，他的心裡會產生一種溫暖感：啊，家裡有人等著我。

公司的這一名稱，也寄託著桂小川的一個善良的夢，那就是讓大家都擁有一個溫暖的家。

經過十多年的努力，桂小川的暖燈公司在東京繁華的商業區日本橋擁有了自己的辦公樓，在上海也開設了分公司，先後收購了十幾棟商務樓和公寓樓，並替台灣、香港和內地的客商管理著幾百棟在東京的樓宇，積累起了十分豐富的買樓售樓和管理房產的經驗，在日本房地產市場行業中建立起了良好的信譽，擁有二十多名員工，成為在日華人房產中介公司規模最大的一家企業。

日本松下電器公司是一家大家都非常熟悉的跨國企業，二〇一七年年初，松下電器公司位於東京郊外千葉縣習志野市的兩棟公寓樓準備出售，一棟是九層，一棟是七層，距離輕軌車站走路十分鐘，坐輕軌列車半個小時可以抵達東京車站，四十分鐘可以抵達東京成田國際機場，距離迪士尼樂園二十分鐘車程。邊上還有日本大學、東邦大學校區，周邊環境良好。這樣一棟公寓樓的出售，立即就引起了日本房地產中介公司的競購。暖燈國際地產公司是唯一一家參與競購的外國人經營的公司，結果，松下電器公司決定把這棟樓賣給暖燈國際地產公司，理由很簡單，銀行對暖燈國際地產公司的信譽打分給出的是五A。

談到中國人在日本買房子的秘訣，桂小川社長給出了幾個建議。

第一，交通要便捷，尤其是要選擇方便去機場的鐵路沿線。中國人來日本，大多帶了許多的行李，從成田國際機場打車到東京，出租車費就要二千元人民幣，而坐輕軌列車只要一百元人民幣左右。因此，買房一定要買在距離輕軌車站很近的地方，特別是可以一列列車就能抵達機場、中途不用換車的鐵路車站附近。

第二，不必買在市中心。東京首都圈已經將市中心與周邊的千葉縣、埼玉縣、神奈川縣連成了一片，公共交通十分發達。而且在東京，越靠近市中心，生活就越不方便。最為關鍵的是，房價相差很大，比如距離東京車站坐輕軌三十分鐘的松下電器公司的公寓樓，三室一廳重新精裝修完畢的二手房，價格為二千一百萬至二千七百萬日元（一百三十萬至一百六十八萬元人民幣），但是如果你買到東京都港區，同樣的二手房至少就需要五千萬日元以上，價格要翻一番多。

第三，如果是投資性買房，最好買在大學校區附近，因為日本的大學的學生都是走讀制，沒有像中國大學那樣基本上是學校內的住宿制，因此大學周邊的房子很好出租，租金也比其他地區高。

第四，要買有二十四小時有人管理、大樓安裝有警備系統的公寓樓。雖然日本社會治安好，很少有小偷，但是如果你長期不在日本生活，萬一有甚麼事情總需要人照應，哪怕是收包裹郵件，也有人替你處理。因此有人管理的公寓樓，至少能讓海外投資者有一份安心。

第五，一定要找靠譜的信譽好的房屋中介公司。日本各種各樣的房屋中介公司很多，靠譜的中介公司會從初期的房源介紹、陪同客戶實地看房以及買房後的物業管理、室內室外的裝潢、房租的海外匯款、相關稅務等業務的諮詢等各個方面提供一條龍服務，讓購房者安心。

在我們中國人的印象中，買單體別墅式的一戶建房子是有錢人的標誌。但是在日本，沒有這樣的概念。因為在日本買房，公寓樓的價格和別墅的價格是差不多的。但是在成本和管理上，各有不同。

所以，在日本買房，到底是買公寓樓好還是別墅好？桂小川社長做了這樣的分析。

一般來說，公寓樓保值，而且容易出手，而別墅不容易出售。買公寓樓最大的優點，第一，保值，還有可能升值，這幾年，東京的公寓樓的價格普遍升值了百分之十。第二，公寓樓有物業管理，有門衛，基本可以不用考慮安全問題。第三，如遇到自然災害，如颱風、地震造成房屋損壞的話，修葺的費用是住戶們共同承擔。第四，公寓樓容易出租。但是公寓樓的缺點是，第一，每個月除了固定資產稅以外，還要交管理費、物業費。第二，有車的話還要交停車費。

購買別墅的優點是，第一，土地屬於私人，個人永久所有。第二，可以有自己的小院子。第三，和公寓樓一樣，要交固定資產稅，但是沒有管理費和停車費。但是別墅最大的缺點，第一，不保值。別墅分土地和房屋，土地的價值雖受市場影響但基本保值，房屋部分由於是木造，所以二十年後價值接近於零，中途還不太好脫手。第二，院子除草、房屋維護都要自己想辦法。第三，周邊缺少鄰居，作為外國人比較孤單，不像公寓樓裡，大家住在一起，有事還有個照應。第四，如果長期不在日本的別墅裡居住的話，管理會遇到問題。

所以，到日本買房子，到底是買公寓樓還是買別墅式的一戶建，桂小川社長給出的建議是買公寓樓。因為作為外國人投資者，最關心的是兩件事，一是買了房子後，有沒有人管理，二是如果要出租、要脫手的話，是否容易。相對於別墅，公寓樓更容易出租，更容易脫手。

神戶製鋼的造假問題到底出在哪裡

因為將不合格的金屬材料製品篡改為合格產品，日本最大的鋼鐵企業之一的神戶製鋼，砸了。

「神戶製鋼數據造假案」掀起的黑色旋風，不僅席捲了日本的汽車、新幹線、飛機等核心基幹產業，更涉及日本的火箭、導彈、戰鬥機等航天、軍工等領域，並飛出國門，直接導致美國通用汽車和波音公司也憂心忡忡。這股黑色旋風之所以有如此大的破壞力，是因為神戶製鋼生產的鋁、銅等材料產品在沒有達標的情況下篡改檢測報告，粉飾成「合格產品」，並提供給海內外二百多家企業，而這些企業生產的產品，又波及全世界用戶，不僅涉及民生領域，還有軍工。

豐田、日產、馬自達等汽車公司承認使用了神戶製鋼的材料用於發動機等重要零部件的製造。

JR 東海鐵路公司承認日本最新型的 N700 新幹線的關鍵零部件，也使用了神戶製鋼的材料。

三菱重工業公司承認在二〇一七年十月十日發射升空的運載火箭也使用了神戶製鋼的材料。國產客機 MRJ 也使用了神戶製鋼的材料。

日立製作所製造的面向英國出口的高鐵車輛也使用了神戶製鋼的材料。

美國波音公司也透露說，正在檢查使用了神戶製鋼材料製造的零部件的安全強度性能。

「一顆老鼠屎壞了一鍋粥」，按照日本經濟產業省的說法，神戶製鋼的數據造假案給日本的整個製造業帶來了重大的信譽損害，損失不可計量。單從股市而言，神戶製鋼本身在兩天之內暴跌百分之三十六，包括豐田、三菱重工在內的所有與神戶製鋼擦邊的製造企業，均出現了百分之三到百分之五的股價走跌。

這家危害日本製造業的重案犯，到底是一家甚麼樣的企業？

神戶製鋼公司的正式名稱叫神戶製鋼所，英文寫作「KOBELCO」。一九〇五年，神戶製鋼在神戶市成立。一九一五年，根據日本海軍的要求開始生產魚雷發射管的空氣壓縮機，是日本第一家生產空氣壓縮機的企業。一九一七年，建設完成第一家近代化鋼鐵工廠——門司工廠，開始鍊銅。一九四九年，神戶製鋼在東京證券交易所上市。目前，公司的資本金為二千五百零九億日元，有員工一萬一千餘人，子公司二百一十三家。

神戶製鋼在日本所有的鋼鐵製造企業中規模排名老三。但是它卻是諸多鋼廠中鋼鐵事業比例最低的一家。神戶製鋼的三大事業是材料、機械、電力，鋼鐵事業與同行錯位競爭，只生產具有特殊用途的高附加值產品，尤其是在鋁、銅、鈦三大金屬的新材料的綜合開發與生產領域，屬於世界的老大。世界頂尖的特殊金屬材料，幾乎都出自神戶製鋼之手。因此世界上多數大型製造企業以及軍工企業都在使用神戶製鋼生產的材料，都是神戶製鋼的客戶。

這麼一家優良的百年鋼鐵企業，為何會出現產品數據造假的問題？原因有主觀的，也有客觀的，歸納起來，有這麼四條。

第一，神戶製鋼的經營出現了問題。一九九〇年，日本經濟泡沫崩潰，整個鋼鐵企業進入去產能求生存的寒冬時節。神戶製鋼從事業的高峰期跌到了低谷。還沒有緩過氣來，一九九五年，神戶發生七級大地震，主要的工廠車間被震塌，高爐倒地。好不容易熬到二〇〇二年，因為日本製造企業紛紛投資中國等海外市場，使得鋼材價格和市場需求增大，讓神戶製鋼終於走出了黑暗。鑒於這個教訓，神戶製鋼開始實施「脫鋼」戰略，以研發生產特殊金屬材料為核心，開展多種經營，維護企業整體的利益。但是，在過去兩年，神戶製鋼已經連續兩年經營赤字。雖然預估二〇一七年度的營業額將會達到一萬六千九百五十八億日元，但是同時純利潤將會出現二百三十億日元的赤字。如何消滅赤字？神戶製鋼開始「偷工減料」，對鐵、鋁、銅粉的配比進行調整，從原料上下功夫。自然，生產出來的產品無法達標，於是對產品檢測數據報告進行篡改，以符合日本工業規格（JIS）欺騙客戶。

第二，創業精神的喪失。神戶製鋼成立已經一百一十二年，和許多日本大企業一樣，創業一族已經不復存在，基本上是屬於「經理人當家」。現任神戶製鋼公司社長的川崎博也就是一個典型的經理人，他從京都大學碩士研究生畢業後，於一九八〇年進入神戶製鋼工作，從一名普通技術管理幹部做起，一步一步上升為公司的經營者，五十八歲時熬成了公司社長，預定任期五年。川崎社長與做假賬的東芝公司前社長一樣，「守家」是他們的第一責任，不出現赤字是最重要的經營目標。因此，「只要不出亂不出現赤字，就是萬歲」，這一理念不僅是神戶製鋼，也是日本許多大企業經理人的「共識」。在這一「共識」的驅使下，日本大企業的經營者們陷入保守經營，甚至為了避免決算報告中出現赤字做假賬粉飾業績的怪圈，不僅處處表現出「不願意承擔責任」的經營姿態，而且將企業的創業精神也丟之雲外。二〇一四年一月，川崎在就任社長之後的第一次新年致辭中曾經將公司的經營目標設定為「二〇一五年度確保一千億日元的利潤」。但是，二〇一五年，神戶製鋼虧損了八十億日元。二〇一六年，赤字額擴大到一百二十億日元。二〇一七年度，赤字額預計會進一步擴大到二百三十億日元。為了抹掉赤字，使得自己當家的聲譽不至於一塌糊塗，神戶製鋼開始了從上到下全方位的造假。

第三，「成本控制」導致造假問題頻發。從三菱汽車偽造燃料數據到東洋橡膠公司偽造免震裝置。從東芝做假賬到如今的神戶製鋼篡改產品檢測報告，一個客觀的原因是因為日本製造業整體處於不景氣的狀態，同時因為國內內需市場的低迷和海外市場競爭的激烈，導致客戶對於原材料價格的降價要求越來越多。過去日本原材料、零部件等供應商與日本完成品廠商之間形成了穩定的供求關係，而國際競爭壓力則通過成品商傳遞到供應商，成品商如汽車整車廠商通過對供應商壓價來保證國際價格競爭力與自身利潤。

同時，日本政府對於原材料和工業產品質量的標準要求則越來越高。無論是汽車行業還是車輛製造行業，甚至建築行業，「控制成本」成為增收增益的一大重要手段。而「控制成本」的要求，轉嫁到原材料製造企業，直接導致了原材料生產商走上了「偷工減料」的道路。

第四，技術良心的丟失。「精益求精」是日本工匠精神的核心，這一核心曾經令日本的製造業創造了世界的輝煌。但是，由於日本大企業官僚體制的盛行，一批管理人員為了迎合上司的要求，參與了造假行動。而許多人以「不遲到不早退」作為自己的「職業生涯準則」，使得過往那種為了一項技術的創新與品質的維護，不惜與上司頂撞，甚至選擇離職相抗衡的「技術良心」逐漸地丟失。相反的，那種唯上和脫離現場的官僚習氣越來越重。

除神戶製鋼之外，東麗子公司的質量造假、日產汽車違規驗車、三菱綜合材料也暴露出篡改檢測數據的醜聞。儘管被篡改的質量數據大多只是違反內部規定或客戶標準，並未違反日本工業標準或國際工業標準，沒有觸及法定質量要求，但觸及了企業的道德責任或其他合同法中的民事責任。這次如果沒有內部揭發，這些公司也不會自揭家醜。

神戶製鋼的造假問題，毫無疑問會導致目前的經營班子集體引咎辭職，因為客戶的索賠，公司的經營赤字也會出現幾何級的暴增。神戶製鋼已經決定拋售不動產，但是區區幾百億日元的收益將無法填平日益增多的赤字。神戶製鋼還能不能生存下去已經不是一個重要的問題。最關鍵的是，神戶製鋼誘發的日本製造業信譽危機如何在國際市場上尋求恢復，這才是大事。

日本如何將東京灣建成世界最成功灣區

從二十世紀六十年代開始，日本政府就開始謀劃構建東京首都圈，將東京和周邊的幾個縣，類似於中國的幾個省聯合一起共同開發建設，實現無縫對接。而這個都市圈的形成，還依賴了一個港灣區，那就是東京灣。這個縱深八十公里的灣區，將周邊的城市有機地融合在一起，以此形成了世界上人口最多、城市基礎設施最為完善的第一大都市圈。

目前世界公認的成熟灣區有八個，分別是洛杉磯比弗利山莊、紐約長島、日本東京灣、澳大利亞布里斯班的努薩灣、悉尼雙水灣、香港淺水灣、新西蘭霍克灣。這八大灣區的共同點是不僅擁有一線的海景資源和港口地段，而且在時間的洗禮下造就了優質的人文氛圍與人居環境。在這八大灣區裡，由全球最高水平的建築工藝造就的經典傳世之作比比皆是。

日本的東京灣區作為世界上第一個主要依靠人工規劃而締造的灣區，成為人工規劃灣區建設的典範。

在談到東京灣區時，我先跟大家講一個歷史故事。

一八六八年，明治天皇登基，長達數百年的幕府時代結束。明治天皇那時才十五歲，他第一次從京都來到東京，一下子就喜歡上了這座城市，於是決定將首都從京都遷到東京。東京當時的名稱，叫「江戶」，明治天皇下令將江戶改為東京，因為從京都的地理位置來看，江戶是位於京都的東邊，因此稱為東京。

明治天皇為何會喜歡東京？因為東京有一個海灣，水產十分豐富。大家到東京吃壽司，往往會看到這樣的招牌，叫江戶前壽司。這個江戶前壽司是甚麼意思呢？就是從東京灣裡捕撈上來的，沒有經過醃製加工的新鮮的魚肉製作的壽司。

為甚麼東京人對於壽司會有如此驕傲的叫法，是因為看不起東京人的京都位於內陸地區，古代沒有冰箱，也沒有汽車。日本海或者太平洋沿岸捕撈上來的魚要運送到京都，一般需要兩天的時間。在夏天，放置兩天的魚是要發臭的，所以京都出現了用鹽水醃製過的魚，所以京都的壽司大多數是用醃製過的魚肉來做的，與東京的壽司不一樣。

東京灣是一個面向太平洋的優良港灣，它分為東、西兩側，東側是千葉縣的房總半島，西側是位於神奈川縣的三浦半島，而灣底就是東京的銀座地區。通過兩個半島之間狹窄的浦賀水道與西鄰的相模灣會合，東京灣與太平洋相連，面積約一千三百二十平方公里。

依託東京灣發展起來的東京首都圈，包括東京都、埼玉縣、千葉縣、神奈川縣等「一都三縣」，面積一萬三千五百六十二平方公里，佔全國總面積的百分之三點五。GDP總量約佔全國的三分之一，常住人口為三千八百萬人。

東京灣區是怎樣發展起來的呢？它的開發始於江戶時代。十七世紀初，隨著日本政治中心從關西地區移向關東地區，江戶（也就是東京）逐漸成為日本新的經濟中心。到了十八世紀，江戶已成為全國最大的消費市場，每天都有來自全國各地的商船在東京港停泊。江戶人口已達一百多萬。

東京灣的現代產業開始於明治維新之後。第一波的建設，始於十九世紀後半期。由於實行改革開放，日本從歐洲引進了大量的先進工業，主要有紡織業、機械加工業和煉鋼產業。這些產業必須依託港口，建成臨港工業。東京灣良好的岸灣環境為這些產業的發展提供了條件。

第二波的建設是在第二次世界大戰結束之後，尤其是從二十世紀六十年代開始，日本戰後經濟迅速恢復，城市化加速，環繞東京灣的海濱百分之九十被開發成人工海岸線，出現了很多人工島嶼。到目前為止，東京灣填海面積已達二百五十三平方公里，建成了像「台場」這樣的CBD商務區和像「晴海」這樣的現代化港區。東京迪士尼樂園、羽田機場等都是建在填海的土地上。

東京灣在開發中，逐漸規劃建成了兩大工業地帶，以銀座為中心，向西（川崎市和神奈川縣方向）發展出京浜工業地帶，向東（千葉縣方向）發展出了京葉工業地帶。這兩大工業帶集中了包括鋼鐵、有色冶金、煉油、石化、機械、電子、汽車、造船、現代物流等產業，成為全球最大的工業產業地帶。還包括金融、研發、文化和大型娛樂設施和大型商業設施等，成為世界有名的金融中心、研發中心、娛樂中心和消費中心。這兩個工業地帶可以說是世界上最大最先進、出口實力最強的新型工業地帶。工業地帶與東京的金融、總部、研發等功能緊密互動，使得日本在戰後很快地成了世界重要的製造業大國、出口工業大國，這就是日本成功的一大秘訣，也是東京灣區能夠成為世界綜合性灣區的一大成功經驗。

東京灣擁有六大港口，分別是東京港、橫濱港、千葉港、川崎港、橫須賀港和木更津港，其中橫須賀港為美國海軍第七艦隊和日本海上自衛隊的基地。這六大港口與羽田、成田兩大國際機場和六條新幹線連接在一起，構成了東京灣與日本和全球主要城市之間海陸空立體交通網。同時，這六大港口和附屬的倉庫群，從全球進口從糧食、水果到奢侈品的消費物資，支撐著東京首都圈三千八百萬人高質量的消費。在日本全國按金額計算的貨物進口量中，東京灣佔到了百分之三十八點三。

大都市化的一個重要特徵是城市人口規模的巨大化。世界上第一個超大型城市群出現在一九五〇年前後，據聯合國的統計數據，當時有兩個超過一千萬人口的城市，一個是東京首都圈，即圍繞東京灣的一都三縣；還有一個是紐約。這兩個超大城市群都是於依託港口優勢發展起來的臨海型城市群。

人口聚集帶來了以服務業和知識經濟為主要內容的新經濟，也稱聚集經濟。自二十世紀六十年代中期新幹線開通後，東京與全國其他城市實現了點對點(市中心對市中心)無縫對接，加速了人口的大聚集。一九五〇年東京大都市圈人口達一千一百二十八萬，二〇一五年已達三千八百萬。在全球有千萬級以上人口的二十九座超大城市中，東京大都市圈排名第一，第二位是印度新德里，為二千五百七十萬人。第三位是中國上海，為二千三百七十四萬人，北京排位第七，為二千零三十八萬人。東京都的人口密度已高達百分之九十八點二，而東京首都圈也達百分之八十九（日本全國為百分之六十七點三）。

這種大規模的人口聚集與大規模的產業交流使得整個東京灣充滿了活力與生機，並形成了東京灣區經濟的特色——體量大，多樣性強。這種政治與經濟、文化與商業、商品與研發等各種功能交織在一起，產生了良好的乘法效應。

東京灣區是一個人工規劃建設的灣區，那麼，在整個東京灣區的開發建設中，有沒有一個政府機構來統籌規劃和管理這一個灣區的開發呢？還真的沒有。這裡就有一個問題引起我們的興趣：誰來管理這一個灣區的開發？

東京灣區內有「一都三縣」，包括若干大城市和中小城市。在開發中，既保持「誰開發、誰擁有」的基本原則，同時建立起相互協作的溝通機制，對灣區和城市發展中的問題採取會議協調協商的方式尋求解決。

目前，整個東京灣區的開發管理主要的協商機構是東京灣港灣聯協推進協議會，這個協議會由日本政府的國土交通省關東地方整備局港灣空港部牽頭，東京灣所有的地方政府一起參加，協議會事務局設置在橫濱市。還有由各海運公司和港區開發公司、沿港工廠企業共同參與的東京都港灣振興協會。

日本是一個市場經濟國家，許多事情不可能強制性地做。東京灣的開發建設的一條成功經驗，就是保持灣區建設的長期性和協同性，並牢牢依靠規劃，堅守規劃。日本政府的國土部門、交通部門、產業部門等對區域發展都有各自角度的佈局和規劃，各都縣和城市也有自己的佈局和規劃。所有這些規劃的銜接不是由中央政府出面來完成的，而是由各種智庫居中協調實施的。因為日本的政府決策者在不斷變更，每個時代又有每個時代的訴求，唯一對整個東京灣的開發有整體把握的就是智庫。像日本開發構想研究所、東京灣綜合開發協議會等，作為銜接各種規劃的智庫對本地區的發展有長期的研究、認識和推動。他們的思想是通過參與和主導各種各樣的規劃來不斷落實的，而政府也尊重與重用這些智庫，把他們作為開發管理東京灣的一個重要力量。

堅守規劃，是東京灣開發建設成功的第二大經驗。京浜、京葉兩大工業地帶以東京為中心，分別向環抱東京灣的兩側延伸。這種規劃佈局，就是將工業地帶與東京中心城區大體量人口實施一定的隔離。而沿岸各城市的灣區開發必須要服從於已經達成協議的規劃案，一旦提出更改，就必須獲得東京灣港灣聯協推進協議會成員的一致同意。

堅持開放性和國際化，是東京灣開發建設成功的第三大經驗。東京灣擁有眾多良港，只是在物理上提供了對外交流的門戶，更重要的是開放程度，它決定了港口城市的國際化氛圍，東京灣區正是具備了這兩方面的因素。東京灣不僅匯聚了像日產汽車、豐田汽車、日本製鐵、索尼、佳能、NEC、資生堂、軟銀等世界頂級的跨國企業總部，同時匯聚了微軟、華為等世界著名的外資企業的研發中心。更為重要的是，東京是日本政治經濟文化的中心。東京灣區的開放性和國際性，使得整個灣區的發展能夠敏感地捕捉到世界政治經濟不斷變化的內容和趨勢，令東京灣的建設緊跟世界的潮流，甚至引領世界經濟發展的潮流。

不過，東京灣在開發建設中也有很沉痛的教訓，那就是環境污染。戰

後，東京灣沿岸成了工業大會戰地區，鋼鐵、化工、造船等重污染企業將廢水廢料排入東京灣。同時林立的大煙囪讓東京看不到藍天。嚴重的環境污染還引發了嚴重的社會危機。東京灣內大規模填海造地也帶來了對自然環境的破壞，其負面影響至今還存在。好在從二十世紀七十年代開始，日本政府下定決心鐵腕治理東京灣的環境，經過三十多年的努力，東京灣才水變清，魚兒回游，天空變藍。這種「先污染、後治理」的做法，令日本政府、社會和企業付出了沉重的代價。這一教訓，也值得我們中國在開發灣區中認真吸取。

日本人為何將職業道德看得比命還重

日本著名歌舞伎演員市川海老藏與他的妻子小林麻央的愛情故事引起了許多人的關心和同情，短短三天的時間，我在喜馬拉雅 FM「徐靜波頻道」中所做的節目的聽眾人數已經超過了八萬人，而相關博客的點擊率也超過了三十萬人。一位網友在我的「靜說日本」微信公眾號上留言，說自己是一個孩子的媽媽，和小林麻央一樣，才三十多歲，也得了癌症。聽了小林與疾病搏鬥三年的故事，很感動也很感慨，人生無常，但是活下去的希望是一樣的，希望自己也能夠像小林麻央那樣，活著的時候好好愛家人，走的時候，也能夠有家人好好陪伴。看到這條留言，我給她回了一句話：「我陪伴你一起與病魔搏鬥！」

小林麻央這位日本電視台的新聞節目主播，是一位美麗賢惠的女性，二〇一七年六月二十二日，留下分別只有四歲和五歲的兩個孩子走了。我們在關注小林最後人生的同時，也關注到一件事情，那就是在小林去世後沒幾個小時，她的丈夫依然登上舞台，為觀眾演出歌舞伎。而在辦理喪事的這幾天，市川海老藏從沒有中斷過一天兩場的演出。妻子去世了，作為丈夫為甚麼不中斷演出，在最後時刻好好陪伴妻子呢？對此有許多人不理解。但是，作為一名歌舞伎演員，在妻子的葬禮與歌舞伎的演出之間，市川最終選擇了演出。

市川在接受記者採訪時，對於自己為甚麼不中斷演出回家辦理妻子喪事的原因，做出了這樣的解釋：演出是早定下來的事，票都已經賣出去了，而且全國各地的觀眾放棄了自己的休息時間趕來東京觀看我的演出，我不能違背大家的熱情，不能讓熱愛歌舞伎的觀眾失望。麻央走了，我很悲痛，也很想在最後的日子裡，多陪陪她，多看她一眼。但是，我想麻央的在天之靈也一定希望我能趕到劇場認真地為觀眾演出，因為沒有比服務好觀眾更為重要的事。

市川的這番話讓我們感到職業道德的珍貴。而這份珍貴的背後，是日本社會的一種鐵規則：個人的事永遠都是小事，客人的事永遠都是大事。

有一天夜裡，我匆匆結束與客人的聚餐，趕到東京有樂町的一家電器量販店ビックカメラ

（必酷）幫國內的朋友買兩個單反相機。趕到店裡時，已經是晚上九點三十分，店裡是十點鐘關門。因為朋友要求帶的相機有特殊的鏡頭配置要求，而必酷公司出售的相機大多是機體配標準鏡頭的那種單反相機。為了能夠滿足我的要求，店裡的營業員，尤其是一位姓金的中國店員，幫我想了一個辦法，讓我先買下標配的相機和我所需要的特殊的鏡頭，然後他們再以回購那相機的標配鏡頭的方式實現我的願望。但是這樣做，需要主管人員批准，還要填幾張單子。結果時間一拖再拖。等我辦完所有的手續，店員送我從地下二樓走到一樓時，已經過了關門時間四十五分鐘，但是整個店上下七層，依然是燈火通明，一樓的店員紛紛向我鞠躬致謝，店的大門還為我開著。雖然在日本二十多年常常遇到這樣的事情，但是我依然為必酷公司如此延長時間來保證我這麼一位普通客戶的購物需求受到震動。

在日本社會，職業道德是一種約定，是一份信譽，是一種守護。我的朋友來日本，想從日本的一家公司進一批貨。他找到了這家公司，向對方提出了進貨的要求。這家日本公司表示十分感謝，但是介紹他到一家經銷公司去進貨。我的朋友很不理解：我人都已經到了你的公司，為甚麼不直接把東西賣給我，而是打發我到經銷公司去進貨？日本公司告訴他：我們的產品都是委託這家公司銷售的，如果你一定需要直接從我們這裡進貨的話，我們給予你的價格必須比經銷公司給你的價格略高一些。我朋友大惑不解，問他們為甚麼。日本公司回答說：如果我們把產品以低於經銷公司的價格賣給你的話，我們就破壞了與經銷公司的關係，損害了經銷公司的利益，這在日本是絕對不能做的事情。

我的朋友到最後還是無法理解日本廠家的這一做法，他覺得，中國好多的企業都繞過經銷商直接通過網絡或者其他特殊渠道銷售給客戶。日本廠家為甚麼這麼死板呢？我給他講了這麼一個道理。我說日本社會所有的經濟活動都有嚴格的社會分工，生產的管生產，流通的管流通，銷售的管銷售，配送的管配送，每個環節各司其職，又環環相扣，因此能夠保證整個社會有序運轉。你去進貨的這家工廠，它的商品一定是與經銷商簽約，委託經銷商銷售。如果他以出廠價把產品銷售給你，那就破壞了他與經銷商的信賴關係，也許它從你的

生意中賺了一筆錢，但是它將會失去最可靠的銷售渠道，因小而失大。如果它給予你的價格不比經銷商高，那麼客戶都跑到廠家來，經銷商會沒有飯吃，等於破壞了商業的規則。因此，雖然日本的許多廠家明明知道直銷有利可圖，但是他們認為維護整個商業的規則比自己單獨獲利更為重要。除非你是小企業，沒有固定的經銷商，你可以自己開網店直接銷售。即使是大企業開網店直接銷售的話，它在網上銷售的價格也絕對會比經銷商的批發價高。

這就是日本企業的商業道德，也是職業道德的最高體現。

那麼在日本，如果你不遵守職業道德，會是怎樣的結局呢？我來舉兩個例子。

京都有一家十分高級的日本料理店，叫船場吉兆。這家飯店創始於一九三〇年，但是在二〇〇八年被人發現偽造食品的產地，也就是說，跟客人說這個牛肉是神戶牛肉，其實是日本別的地方的牛肉。同時還把客人沒吃的烤魚回收後加工，再端給別的客人吃。就這些看起來不大不小的事情，被員工告發後，引起社會輿論的譁然，人們萬萬沒有想到，自己如此信賴的一家名店，居然會做出如此喪失職業道德的事情來。結果，這家有七十多年歷史的著名老店因此破產，因為沒有人再願意上他們家去吃飯。

日本有一家專業生產汽車安全設備的公司 TAKATA，漢字寫作高田，這也是一家有著七十多年歷史的老企業，創業於一九三三年。高田公司以生產安全氣囊出名，全日本所有的汽車製造商無論是豐田還是日產，都使用該公司生產的安全氣囊。因此高田公司也迅速成長為全球最大的汽車安全設備製造商，在北美、歐洲和亞洲各地開設了許多的生產基地。但是從一九九九年開始，不斷有安全氣囊產品質量出問題的報告。高田公司一年生產幾千萬隻安全氣囊，對於其中的幾隻出現質量問題，高田公司沒有引起重視，更沒有做出認真的回應。終於在二〇一三年，美國的一位司機駕駛汽車遭遇車禍，安全氣囊彈了出來，但是因為氣囊上有一個破洞，結果氣囊沒有鼓起，導致這位司機的死亡和訴訟案的發生。最後日本和美國的許多汽車製造商紛紛中止採用高田公司生產的安全氣囊，導致該公司經營陷入困境，負債總額達到一萬七千億日元（約一千零六十五億元人民幣）。六月二十六日，高田公司向東京地方法院提出了破產申請，成為日本戰後最大的一起製造業的破產案。而浙江寧波均勝電子公司通過美國的子公司，以大約一百一十億元人民幣的價格間接收購了高田公司。

我想，如果高田公司在發現安全氣囊出現質量問題時能夠立即做出回應，而不是隱瞞，如果早早地對所有的產品實行召回檢查的話，就不至於陷入破產的境地。職業道德看起來是一件道德上的事，但是有時候違背了，卻會成為致命傷。高田公司破產的最大原因，就在於此。

日本GPS精準到六厘米能幹啥

日本在二〇一七年六月發射了一顆準天頂衛星，叫「引路二號衛星」。這顆衛星有甚麼用途？是日本版GPS的定位衛星，日本準備發射四顆，以此構建日本獨自的GPS定位系統。

日本迄今為止採用的是美國的GPS定位系統，但是日本發現，美國的定位系統誤差很大，大到多少？居然有十米之差。同時，美國的定位系統是全球系統，無法保證二十四小時懸掛在日本上空，因此許多時候的定位信號是斜面信號，受到高樓或高山阻擋後，事實上許多地方根本就接收不到定位信號。

日本在二〇二〇年就要承辦東京奧運會，這是自一九六四年以來日本相隔半個世紀再次承辦這一體育盛事，國運當頭，舉國上下都感到振奮。日本政府和經濟界更是期望把這次奧運會辦成展示日本工業實力的「科技奧運」，因此已經決定，往返於比賽場館和選手村的所有巴士和轎車、出租車，都要實行自動駕駛。於是，問題出來了，美國的 GPS 定位系統，根本滿足不了日本自動駕駛汽車的安全運營。

其實，建立獨自的日本版 GPS 系統是日本政府多年來的夙願。而這個夙願，曾經有一個誤區，那就是將日本政府的軍事衛星偵察系統與日本版 GPS 定位系統實行混合開發運營。但是後來發現，這根本就不可能！因此日本政府從二〇一三年開始實施分割，政府負責軍事偵察衛星系統的構建，政府與企業合作開發 GPS 定位系統。

二〇一七年六月一日，「引路二號衛星」從鹿兒島縣種子島宇宙中心由 H2A 火箭發射升空。二號機與先前發射的一號機一樣，將長期停留在日本上空，高度在三點三萬公里至三點九萬公里之間的「準天頂」軌道上飛行。但是我們注意到，日本版的 GPS 定位系統並非全球定位系統，四顆衛星只在日本至澳大利亞之間的上空呈「8」字形繞飛。這就意味著日本版 GPS 定位系統至少從目前來看是屬於地域性很強的定位系統，或者說是日本列島專用的定位系統。

日本政府還在二〇一七年發射三號、四號衛星，最終構建成四顆衛星定位系統，以保證日本上空二十四小時有垂直信號的定位衛星飛行，定位誤差也將從目前的十米降至一米以下，若使用帶有特殊接收功能的設備，其誤差最小將達到六厘米甚至實現零誤差。

那麼，日本研發如此高精度的定位系統，準備幹甚麼用？我們自然會想到自衛隊的軍用，這是毫無疑問的。但是，由於日本的這套 GPS 定位系統沒有覆蓋中國和亞洲地區，因此，擴張性的軍事目的相對較弱，民用新產業的支撐目的則比較凸顯。

日本豐田、本田、日產等汽車公司已經研發出全自動駕駛汽車，並開始預約銷售。日本高精度的 GPS 定位系統的誕生，保證了在山間和高樓林立地區也能得到高精度定位，將為日本社會普及全自動駕駛汽車提供最根本的技術保障。

日本農機製造商利用這套 GPS 定位系統，開始研發全自動插秧機、耕種機和收割機等農機，以此進一步解放農村勞動力，實現農業的自動化生產。

由於日本版 GPS 的定位系統的誤差只有幾厘米，對於任何的移動物體和障礙物都可以做出最為精確的定位，因此日本的醫療公司開始研發供盲人使用的有聲引路裝置，給予盲人最精確的指路。同時，也能夠準確測定孩子和老人的所在位置。

日本雖然開發出了精準的 GPS 定位系統，但是首相官邸很擔心一件事情的發生，那就是日本版GDP定位系統遭黑客綁架，尤其是遭外國軍事部門控制的話，一打一個準。因此，如何在GPS中建立一個加密系統，成了日本政府目前最渴望突破的難題。

日本企業為何不願意賣給中國人

最近一年，我一直在幫一家中國企業收購日本的一家公司。這家日本公司是一家小小的汽車零配件企業，員工只有二十多人，但是他們是一家已經有六十多年歷史的老廠，一直為豐田和日產汽車公司做配套產品。這家公司的老闆今年七十多歲，是從他的父親手裡接手了這家工廠，因為只生了兩個女兒，女兒和女婿都不願意繼承這家企業，自己也幹不動了，於是他準備出手。老先生是我們《中國經濟新聞》的讀者，平時跟我聯繫也比較多，他說《中國經濟新聞》有這麼多讀者企業，能否幫他做一個推薦。我說好啊。結果廣告登出去沒啥反應。於是，我介紹一家中國企業給他。結果雙方見了一面，他告訴我一句話：我的工廠不會賣給中國人。這弄得我很尷尬。

二〇一六年，長江商學院的一個總裁班訪問日本，邀請我講一講日本經濟的現狀和發展前景。這個總裁班的學員都是中國各行業的民營企業家，他們向我反映了一個問題，那就是他們與日本企業談技術合作談兼併時，對方總是支支吾吾。我們願意出高價錢甚至提供十分優惠的條件，對方最終總是一拖再拖，拖到最後沒有了聲音。這些中國企業家問：這是為甚麼？

我給他們解了這個惑。基本原因有三個：一是中日兩國企業文化的差異使得雙方不在一條感情線上尋求合作；二是中國企業家財大氣粗，那種不在乎錢的收購兼併，嚇到了日本企業主，三是過去幾年，中國個別企業抄襲或者複製日本技術產品的現象較為嚴重，使得日本企業對於中國企業有一種本能的警惕感。

所以，沒有信賴關係的企業兼併，在日本是難以達成的。不像在百貨公司買東西，只認錢。而購買技術與企業，不是認錢，而是認人。

我認識的這家日本汽車零部件製造企業，位於名古屋市，名古屋有日本最大的汽車製造工廠——豐田汽車公司總部，因此，在名古屋和名古屋附近的地區，有一大批汽車零部件製造企業。而我認識的這家企業的老闆平澤，最近患了病，一直在住院。最終因為在日本沒人接手，我就把這家企業的情況介紹給了我們中國國內的朋友們，大家都很感興趣。馬上就有一家浙江企業想買。於是，我跟平澤社長說，中國朋友願意來購買。他猶豫了好久，說不妨見個面。於是我就帶了中國這家企業到名古屋直接拜會了平澤社長。

雙方見面的時候還比較客氣，但是交談了半小時以後，平澤社長就悄悄地跟我說，他不喜歡這位中國企業家，我問他為甚麼不喜歡。他說，這個人到我們公司來，居然穿了一件T恤衫，說話的口氣不是很認真地看著你，有時候還看天花板，還不時地瞄手機，這樣的企業家，太不靠譜。我寧可讓公司破產，也不會賣給他。

兩人之間有這麼一段對話：

平澤社長：「你為甚麼要買我的企業？」

浙江董事長：「我看中你的技術與品牌。」

平澤社長：「你買下後準備怎樣經營？」

浙江董事長：「由於日本的勞動成本高，所以，名古屋工廠今後以研發為主，生產放到我們浙江的工廠裡。」

平澤社長說：「你的意思是說，會縮小名古屋工廠的規模，把生產都放到中國去做？這樣的話，就是要裁減我的員工？」

浙江董事長：「我們如果買下貴公司的話，我們自然會對工廠進行各方面的調整。」

平澤社長最後說：「我的企業不是百貨公司，你有錢就可以買到一切。我們的企業已經有六十多年的歷史，是我和父親兩代人的心血。許多的員工也是兩代人跟著我們，如果中國的企業家買下工廠後，不能厚待我的公司，不能厚待我的員工，不尊重我們的品牌，我是絕對不會賣給你們的。」

中國的這位董事長對於平澤社長的態度十分不理解。他覺得，你自己年紀大了，撐不了這家企業。我出了高價來收購，你還覺得不合算，我是幫你解圍，你居然還不肯賣，真的難以理解。

這樁中日企業兼併案，最終沒有成功。

我覺得這裡面有很大的兩國文化的差異，自己的企業辛辛苦苦經營了這麼多年，日本人把工廠當成自己的孩子，所以即使他養不活這個孩子，也希望有個好東家能夠接手這個孩子，能夠把這孩子養得比自己養得更好。只要新東家能夠保證這一點，收購價便宜一點兒也無所謂。所以，第一，你要善待我的企業，能夠在現有基礎上進行提升、擴大，而不是將它縮小，維護好品牌和企業信譽，因為不管怎麼樣，它身上有我們的血脈和感情；第二，你要保證我的所有員工繼續在工廠裡工作。因為日本的中小企業大多數是家族企業，往往有一個家的感覺，員工大多數是一輩子跟著經營者，所以保護員工、保護員工的家屬有飯吃，是中小企業經營者的一個天命。

而中國的企業家普遍認為，我買下你的企業，這孩子就是屬於我了，原來的父母不應該再出現，更不允許干涉企業的經營。我想怎麼幹，如何經營，是我自己的責任，老東家你不能再指手畫腳。

所以，日本人不放心，中國人嫌囉唆，往往就難以在一條感情線上牽手同行，結果就是分手。所以，中日兩國的企業兼併和技術合作喊了好幾年，大家做了許多的努力，但是真正成功的案例卻很少。

有朋友一定也會說，美的不是收購了東芝的白色家電了嗎？聯想不是收購了 NEC 的電腦了嗎？還有海爾在以前也收購了三洋的電冰箱和洗衣機，這些收購不是很成功嗎？

確實，這三起收購案是中日兩國之間相對來說比較成功的案例，但是這三起收購案成功的背後，是因為中日相關企業都有著十多年甚至二十多年的交往與友誼，也就是有長期信賴合作的關係。

美的從十多年前開始，就已經為東芝家電商品做代加工。美的的家電產品製造接受了東芝公司的技術支援與指導。NEC 是日本最終研製生產電腦的企業，二十世紀八十年代時，中國開始流行四通打印機，當時的技術就是NEC支援的。聯想開始做電腦時，也是跟NEC公司學，從NEC公司獲取了大量的技術支持。海爾與三洋的關係，更是親密無間的關係。二十世紀八十年代後期，海爾就開始為三洋代加工小型冰箱，為此，三洋派遣了不少技術人員常駐海爾，進行嚴格的技術指導。因此，三洋要出售白色家電產品，首先想到的就是長期的合作伙伴海爾，因為兩家公司有著太多的互助。

所以，在日本國內沒有企業接盤的情況下，東芝也好，NEC也好，三洋也好，首先想到的就是中國的合作伙伴，因為大家不僅有長期的合作，更重要的是知根知底，企業經營層都是老朋友，因此，這種兼併就是順理成章的。

但是，除此之外，中日兼併就做得很困難。二〇一七年上半年，東芝公司因為出現巨額虧損，準備將半導體事業整體出售。東芝公司的半導體事業的核心，其記憶媒體的生產量佔據了日本半片市場。中國有多家企業也期望參加競購，但是遭到東芝公司的拒絕。沒有告訴理由，但是隨後成立的日美協商機構，讓我們看到了日美兩國絕不希望讓東芝半導體事業落入中國企業之手的決心。原因很簡單，因為東芝也算是半軍工企業，它的半導體技術支撐著日本自衛隊的軍艦、戰鬥機和作戰指揮系統，也支撐著日美聯合研製的反導系統。一旦讓東芝半導體產業落入中國企業之手，對於日本來說，後果會是十分嚴重的。

因此，不管中國企業表現出如何志在必得的勇氣，日本政府就是碰都不讓你碰，因為對於日本來說，美國是同盟國，而中國不僅不是同盟國，還是假想敵。這樣的好東西，絕對不會讓中國人獲得。

目前，日本最願意賣給中國人的商品是房地產。因為經歷過泡沫經濟崩潰之痛，日本人對於炒房已經不感興趣，所以日本大量的不動產找不到好市場，結果就把眼睛瞄準了喜歡炒房子的中國人。但是，我們必須明白，日本好的不動產，首先是在日本國內的不動產中介市場當中轉了幾圈，實在找不到買主後，才會拋給中國人市場，拚命地遊說中國人購買。所以在日本，購買房地產的門檻很低，要購買日本企業和技術的門檻，卻高得離奇。

所以，我們要購買日本的企業也好，購買日本的技術也好，首先要學會與日本企業做朋友，先建立起良好的信賴關係，邀請日本企業老闆到中國考察，讓他們看到你的企業的實力和水平，了解中國企業家的為人與道德，知曉越來越大的中國市場，一起喝過幾輪酒後，才可以慢慢地談技術合作，談收購兼併。也就是說，要先談戀愛後談結婚，如果單刀直入的話，一定會嚇跑日本企業。

而一旦決定要買下日本企業後，最好的方案是，維持原有的經營體制，不解雇日本員工，中國只是在資本上控股，資金上做好保障，維持原來日本企業與品牌的聲譽，這樣的兼併與合作，是最受日本企業歡迎的，事實證明，也是最富有成效的。

迄今為止，在日本實施了隱形收購，並做得相當成功的一起中日製造業兼併案，是「溫州商人」劉建國先生收購日本最著名的高爾夫產品生產銷售商——本間高爾夫（HONMA）。

二〇一〇年，擔任奔騰電器公司董事長的劉建國先生以一億美元的價格從基金公司手中買下了本間高爾夫百分之五十一的股權。第二年，劉先生賣掉奔騰電器之後，買下了本間高爾夫全部股權。經過六年的發展，這家公司已重回全球十大高爾夫品牌之列，二〇一六年的球桿銷售額更是全球第一。二〇一六年，本間高爾夫在香港成功上市，劉建國先生賺回了兩個奔騰電器公司。全體持股員工也跟著賺了一把。

當年，劉建國收購本間高爾夫之後，提出了著名的3R戰略，即保留傳統、品質和人才，重新煥發企業文化和品牌，重塑活力、國際化及市場主導地位的高爾夫品牌。比如將業務交給原有的管理團隊，不另行安插中國人進入管理；讓一百五十名員工持股百分之三點八；增加營銷推廣的投入，物色職業選手做代言人。這一戰略，既消除了本間高爾夫創始人的疑慮，也贏得了基金公司的信任。

經過劉建國先生的一系列改革，負債累累的本間高爾夫重新煥發了生機。二〇一六年十二月，日本首相安倍晉三親自送給美國總統特朗普的鍍金高爾夫球桿，就是本間高爾夫球桿。但是日本很少有人知道，本間高爾夫實際上已經是中資企業。所以，中國企業要收購日本企業，大家都必須學習劉建國先生的謙虛、低調與 3R 原則戰略，充分保證原企業和員工的利益，只有這樣，才能實現自己的收購目標。

去日本投資移民為何不靠譜

應香港建明集團和滕王閣集團的邀請，我到廈門做了一次演講，講一個主題，叫「告訴你真實的日本」。這場演講進行了三個多小時，最後有不少朋友向我提問，其中一個問題的關注度很高，那就是：「去日本投資移民是否靠譜？」

大家知道，日本是一個單一民族的國家，雖然在北海道有一個小小的阿依努族，但是這個民族基本上已經消失，沒有自己的文化傳承。所以日本人一直認為自己是一個純血統的民族，是一個不存在少數民族的國家。正因為日本人有這種想法，加上島國特殊的保守性和封閉性，因此日本這個國家很容易產生自傲與排外的情緒。

我一九九二年到日本留學，那時候日本人將外國人稱為「外人」，沒有一個「國」字。最近幾年開始，才有了「外國人」的說法。那麼，「外人」與「外國人」有甚麼區別？「外人」的稱呼，有一種除了自己之外，其他人都是「外人」的傲慢情緒，而稱呼「外國人」則有一種「別的國家的人」的平等感覺。因此，一些外國媒體批評日本政府將外國人稱為「外人」是一種歧視。正因為有了這種批評，日本政府和媒體才在最近幾年改了稱呼，使用了「外國人」的標準稱呼。

所以，從「外人」的稱呼中我們可以看出，日本這個民族的排外情緒有多深。作為在日本生活了二十多年的中國人，要融入這麼保守的社會當中，擠進日本的主流社會，往往需要付出比日本人多幾倍甚至十幾倍的努力，才能贏得他們的信任和尊重。

那麼，中國人要到日本學習工作與生活，到底有幾種途徑可以走？

第一種途徑是留學。一般情況下，年齡在三十歲以下的中國人，都可以通過申請就讀日本語言學校，或者報考日本大學的預科班，或者直接通過學校與學校之間交換生等方式到日本去留學。畢業以後，可以留在日本工作，然後慢慢地取得綠卡或者申請加入日本國籍。

第二種途徑是工作簽證。日本主管外國人簽證的機構是出入國管理局，管理局給中國人頒發的工作簽證往往有兩種，一種是在中國的日本企業裡工作的中國人員工，通過「內部轉勤」的方式到日本總公司來工作。另外一種是日本公司直接從中國雇傭中國人到日本工作。這種工作簽證的門檻比較高，不僅需要專業對口，還需要被招聘的中國人是有專業業績，是日本公司急需的人才。

第三種途徑是結婚。與結婚有關的簽證，也有兩種，一種是與日本人結婚，可以拿「日本人配偶」簽證。還有一種是與在日本的中國人結婚，可以拿「家族滯在」簽證。不過，拿「家族滯在」簽證的人，一般是不允許出去工作的。

第四種簽證是文化簽證，也叫訪問學者簽證，就是到日本的大學、研究機構講學、從事研究或者表演。

第五種簽證是研修生和技能實習生簽證，這種簽證事實上就是勞務簽證。這類簽證最長五年，期滿必須回國，不能申請綠卡或者日本國籍。

在廈門的演講中，幾位朋友集中提出的問題就是「如果在日本投資開公司，是不是可以拿到綠卡？」

我就這個問題諮詢過幾位從事外國人簽證代理的日本律師和行政書士，也問過東京入國管理局的官員，他們給我的答案只有一個，而且十分明確，那就是：日本沒有像加拿大、美國或者澳大利亞那種的「投資移民簽證」。也就是說，你掏一筆錢，委託一家中介公司幫你去海外註冊一個空殼公司，或者參與共同投資一個海外項目，然後你就可以拿到對方國家的綠卡，這在日本是不可能的。這種「投資移民」，迄今為止日本沒有過，目前也不允許這麼做，估計今後也比較難。因為日本政府有兩大擔憂。

第一是擔憂海外有錢階層通過投資的方式大量移民日本後，擾亂日本的社會傳統與經濟秩序。第二是擔心外國人大量湧入日本後，難以保證日本單一民族的純真性，影響日本的國家安全。

最近一段時間，中國有些出國中介公司在做一個宣傳，說投資五百萬日元在日本註冊一家公司，就可以拿到日本的綠卡或者申請加入日本國籍。這種宣傳顯然是十分不靠譜的，首先在於，外國人在日本投資設立公司，雖然沒有很明確的金額限制，但是至少需要具備以下三個條件。

第一，在日本投資辦公司，以個人的名義或者家族的名義直接在日本設立公司是很難的，最好是以企業的名義投資設立公司。因為在日本成立公司有兩個基本要素，發起人需要在日本居住，同時要獲得銀行的開戶許可，它願意為你出具資本金證明。而一般的日本銀行不太願意為外國人開設法人賬戶。

第二，以自己企業的名義在日本投資設立一家公司後，必須要開展正常的經營，也就是說每年必須要有一個經營決算報告，而且這個報告必須要日本政府公認的會計師給你做，有良好的經營業績，同時企業必須要雇用兩個以上的日本人。

第三，必須在日本有固定的經營場所，或者是店鋪，或者是辦公室。同時你本人必須有半年以上的時間在日本從事經營業務。

只有具備了以上三個條件，你才有可能拿到日本的經營簽證。但是為了拿到這個經營簽證，你每個月要付出多少資金呢？我們來核算一下。如果你在東京租用一個店鋪，或者租用一個小小的辦公室，同時還要正常經營，並且還要雇傭兩個日本人，給他們按月發放工資，繳納三金或五金，再加上自己的各種開支，一個月沒有六萬元人民幣是下不來的，這還是最保守的數字。那麼一年加起來，你至少需要花費八十萬元人民幣，才能維持住自己在日本的經營簽證。

還有關鍵的一點，即使在日本開了公司，自己也在日本正常經營業務，那麼甚麼時候才能拿到日本的綠卡呢？根據日本現行的《入國管理法》的規定，在日本要申請綠卡，必須要在日本連續居住十年以上，同時必須要有五年以上的參加工作和納稅的記錄，同時還必須沒有任何違法記錄。也就是說，按照正常情況，必須在日本待滿十年，才有資格申請綠卡。

那麼申請加入日本國籍，也就是「歸化」的話，條件是否比申請綠卡更嚴格一點呢？結果出乎意料，外國人在日本申請加入日本國籍，比申請綠卡來得容易。一般你在日本待滿五年，有正常的居住地和收入，沒有違法犯罪記錄，就可以申請加入日本國籍。如果你是日本人配偶，而且已經生了孩子，那麼申請加入日本國籍或者申請獲得綠卡的條件和年限會更加寬鬆一些。

看到這裡，也許會有讀者說，你講得不對啊，日本政府最近公佈了一項新的政策，如果是特殊人才的，只要在日本待上兩三年，就可以申請綠卡。

日本政府確實有這麼一條針對外國特殊人才的新規定，但這條新規定，它的許可範圍是極其狹窄的，除非你有成為奧運冠軍的潛力，或者你是日本某些領域急需，同時你又是世界級的領軍人才，日本政府才會把你當作寶貝，在短短的兩三年時間裡給你一張綠卡。只擁有一個博士學位，就覺得自己是一個人才的想法，在日本是行不通的。所以，這條新規定對於絕大多數外國人來說，是天上的月亮，看得見摸不著。

所以，一些中介公司說你投資五百萬日元，幫你在日本設立一家公司，過幾年以後就可以拿到綠卡或者加入日本國籍的承諾，是很不靠譜的。

日本企業為何不要銀行貸款

我在北京採訪中國兩會，遇到了一些搞企業的人大代表和政協委員，他們問我一個問題：「聽說日本百年以上的企業有三萬多家，日本人到底是如何做企業的？」我跟他們說，日本企業之所以能做長久，除了自身的謹慎經營之外，政府的支持也是十分重要的因素。內因與外因的有機結合，才使得日本企業能夠成為常青樹。

東京商工調查株式會社在二〇一六年對五千家企業做了一個問卷調查，這一調查結果顯示，有百分之六十五的企業表示不需要銀行貸款，只有百分之十五的企業考慮會向銀行申請貸款。這一調查結果告訴我們：有八成以上的日本企業不存在資金短缺的問題。

日本商業銀行的企業貸款的年利息，最高的百分之三點五，最低的只有百分之零點九，一般是百分之二。為甚麼利息有這麼大的跨度，銀行是根據企業的經營狀況和盈利狀況來決定的。而且，與其他國家相比，這一貸款利息是偏低的。

即使利息那麼低，企業為何還沒有貸款積極性？我想這裡面有兩大原因，一個原因是企業本身有足夠的流動資金可以應對自己的經營，也就是說「不缺錢」。還有一個原因是日本的企業，尤其是中小企業不會去追求「高大上」，不會盲目地去擴大產業規模，也不會盲目地去從事跨行業的投資，因此幾乎沒有資金需求。

日本企業的這種經營模式，有一個專用的名詞，叫「安全駕駛」。他們把企業看作一輛汽車，以安全駕駛為第一目標，不求高速不求超越，只求平穩發展。

所以，日本社會出現了一種奇怪的現象，那就是銀行求企業貸款。

二〇一六年十一月，日本新潟縣的一家地方銀行邀請我去演講中國經濟，這家銀行邀請了當地一百家左右的企業老闆來聽講。這個活動的主辦方是銀行，所有活動經費也是銀行出的，演講結束時，一百多人的晚餐費也是銀行出的。

我當時很納悶，在我的印象中，應該是企業請銀行吃飯，而不是銀行拍企業馬屁。這家銀行的行長跟我說，像我們這類地方銀行，企業就是我們的父母，如果企業不貸我們的款或者不把錢存到我們銀行的話，那我們的銀行就無法生存下去，銀行和企業就是一個生命共同體。

聽了這位行長的話，我就很理解銀行為何要拍企業的馬屁，這麼多的企業表示不需要貸款，銀行的日子就會十分難過。

難道說，日本企業沒有經歷過二〇〇八年的世界金融危機的衝擊嗎？它們的日子真的有那麼好過嗎？

我們把日曆翻到二〇〇八年。

二〇〇八年，世界爆發了一場金融危機，中國和日本都受到了很大的衝擊，許多企業面臨破產。中國政府動用了四萬億元資金實施救市，但是日本政府沒有掏一分錢，而是在國會通過了一部特別的法案《金融救濟法》。這部法案的核心內容就是政府出面擔保了所有企業向銀行的貸款，但是要求銀行允許企業的還款期限延長五年。也就是說，本來需要在今年歸還的貸款，可以拖到五年之後去還。同時政府還減免了企業的法人稅。

這一法案通過後，使得許多面臨訂單減少且銀行貸款又催著歸還雙重壓力的日本企業，尤其是製造業，獲得了難得的喘息的機會。結果，日本政府沒花一元錢，就幫助無數的日本企業尤其是中小企業渡過了難關。這麼多年來，隨著日本經濟的復蘇，這些企業開始慢慢積累資金，出現了如今多數企業不需要銀行貸款的狀況。

但是，這也並不是說在過去幾年當中日本沒有大型企業破產的案例，日本航空公司就是一個很典型的破產重建案。日本航空公司由於在泡沫經濟時期大量購置耗油極大的播音 747 雙層客機，加上預購油價出現價格反彈，導致經營陷入困境，瀕臨破產。要不要讓它破產？日本政府和企業界內部有許多爭議，但是當時的日本首相鳩山由紀夫決定，必須拯救日本航空公司。

日本政府是如何拯救日本航空公司的呢？日本政府組建了一個產業再生支援機構，他們通過出資三千億日元來換取日本航空公司百分之二十的股權，這種政府代持股的方式，解決了日本航空公司的資金難題。同時鳩山內閣還聘請了日本經營之神稻盛和夫這位八十多歲的老先生擔任日本航空公司的董事長。結果，日本航空公司在稻盛和夫先生的治理下，在短短兩年的時間裡扭虧為盈，並重新上市。

日本政府通過代持股的方式出資三千億日元幫助日本航空公司不倒，其結果是日本航空公司在重新上市後，這三千億日元變成了六千億日元，日本政府從股市裡賺了一倍的錢。於是把百分之二十的股份退出，交還給日本航空公司去獨立經營。

日本政府的這種通過產業再生支援機構出資來拯救瀕臨破產企業的做法，一直延續至今，讓眾多日本企業避免了破產的困境，重新獲得了發展的機會。

然而，夏普公司被台灣鴻海集團收購，日本政府為甚麼沒有出手相救呢？其實，日本政府出手救過，政府的產業再生支援機構準備出資一千六百億日元給夏普公司，但是夏普公司需要三千億日元才能渡過難關。產業再生支援機構希望夏普公司提供更為嚴厲的裁員和重建方案，但是夏普公司無法答應日本政府的要求。於是，表示願意出資三千億日元，甚至承諾可以掏五千億日元的台灣鴻海集團，最終買下了夏普公司，讓日本這家著名的家電製造企業劃歸於台資企業的旗下。

我跟日本的幾位經濟學家討論過夏普收購案，他們告訴我一個很直接的理由，說日本政府最終沒有下定決心拯救夏普，日本各大商業銀行也袖手旁觀，一個很重要的原因是夏普公司只是一家家用電器的製造商，沒有任何軍工企業的背景，它存在與不存在，對於日本的國家安全沒有任何的關係。

那麼，最近一段時間，日本的東芝公司也遇到經營難題，它們收購的美國西屋公司在核電站建設工程中出現了七千億日元的巨額虧損。奇怪的是，東芝公司雖然有這麼大的負面新聞，但是它的股票卻沒有出現很大的波動。為甚麼呢?因為東芝公司在IT領域,尤其是在半導體領域,在日本是處於一個領先的地位,它雖然算不上標準的軍工企業,但是它開發研究的一系列半導體產品對於日本的國家安全,甚至國防建設,都具有十分重要的意義,因此日本社會相信,日本政府是不會讓東芝公司破產的,更不會讓東芝成為一家外資控股企業。

所以,我們現在回過頭來再來聊一聊日本企業,它為甚麼不需要銀行貸款?這裡面存在著一個很大的經營理念的問題,也就是說,日本人做企業,沒錢是不做的。我們有時候恰恰相反,沒錢時才想到要去開公司。日本企業對於資金有一個基本的概念,那就是企業必須準備半年以上的流動資金,也就是說企業在半年內接不到一份訂單,也能扛過去。所以,「半年準則」是日本人經營企業的一個基本的原則。正因為有這個原則,日本企業才會做到信步而走,不急不火。

也正因為有這些理念,日本企業,尤其是家族型企業是拒絕風投基金的靠近,更不會輕易接納風投基金的參股。

在我們看來,日本企業這種缺乏闖勁的做法會失去許多的機會,但是日本不少企業認為,做企業不是放煙火,不求一時燦爛,但求長久擁有。

日本家電產業為何全面退市

二〇一七年十一月十四日，海信集團旗下的海信電器股份有限公司和日本東芝公司宣佈，東芝電視機股權的百分之九十五正式轉讓海信，轉讓完成後，海信電器將享有東芝電視產品、品牌、運營服務等一攬子業務，並擁有東芝電視全球四十年品牌授權。該項股權轉讓金額為一百二十九億日元（約七點六億元人民幣），便宜得令人難以置信。

海信接盤東芝電視機，這已經不是中國企業收購第一家的日本家電企業，二十世紀九十年代，索尼、夏普、松下、日立、東芝、三洋號稱日本家電六巨頭，目前除了索尼、松下之外，其他公司的「日本製造」「日本品牌」家電業務幾乎都由中國企業在運營。也就是說，日本大部分家電生產線，都賣給了中國企業。那麼，我們不禁要問，中國企業到底是搶到了寶貝，還是撿了一堆「垃圾」？

創立至今已有一百四十三年歷史的東芝，曾研發出日本第一台國產冰箱、洗衣機、微波爐等家電產品，在日本製造業有舉足輕重的位置。而如今，卻被拆分收購。海信收購了東芝映像解決方案公司百分之九十五的股權。許多媒體在報道海信這起收購案時，都使用了《海信收購東芝電視機》的標題，其實，海信主要收購的是東芝電視機的品牌服務，而不是東芝電視機的全產業。

東芝因為做假賬，導致其股價暴跌，赤字暴增，企業內部諸多問題也開始暴露出來。於是，東芝開始了切蛋糕拯救企業的方案。二〇一五年年末，東芝就把印度尼西亞自主彩電生產工廠和二槽式洗衣機生產製造基地的土地和建築資產（作價約二千五百萬美元）出售給中國創維集團。

二〇一六年，東芝把以洗衣機、冰箱等主營白色家電業務的子公司出售給了中國美的集團。

現在，電視業務花落海信，而東芝電腦業務也在出售之列，聯想和華碩正在商討收購東芝電腦業務的事宜。如果再退出電腦市場，東芝旗下面對一般消費者的業務將幾乎消失，以社會基礎設施建設和能源為主營業務的色彩會愈加濃烈。

我們回過頭來看一看這些年，中國企業收購了日本哪些家電。

創建於一九四七年的三洋電機在家電行業一直都是消費者非常熟悉的品牌，自從松下二〇〇九年全面收購三洋後，三洋就因為業務有重合面臨著被不斷拆分以更好實現與松下融合的命運。但是面對三洋銷售額連年下滑的問題，松下也因此受到牽累，日本大地震更是讓日本的家電企業雪上加霜，最終三洋還是被松下放棄了。

二〇一一年七月二十八日，海爾與三洋電機簽署併購備忘錄，同年十月十八日，雙方簽訂併購協議，海爾收購三洋在日本、越南、印度尼西亞、菲律賓和馬來西亞的白電業務。

不只是白色家電業務，三洋的電視業務也早就變成中國企業的「囊中之物」。二〇一四年，TCL 收購三洋電視墨西哥工廠及品牌運營公司百分之九十的股權。二〇一五年，中國長虹公司收購了松下旗下三洋電視業務，獲得「三洋」品牌在中國大陸地區的電視品類獨家使用權，並承接「三洋」品牌電視的開發、生產、銷售和服務。

夏普曾是全球液晶技術的發明者和領導者。但是正是由於液晶產業的投資失敗，公司陷入了經營困境。由於日本企業向來風格保守，夏普也不能免俗。其主要面板廠設在日本國內，主要向自己供給，而不是像行業內的三星、LG 等廠商一樣結成企業同盟。因此，當全球液晶面板供應過剩，夏普首先遭遇打擊。二〇一六年，夏普公司接受台灣鴻海精密三千八百八十八億日元（約合二百二十四點七億元人民幣）注資，成為鴻海的子公司。

NEC即日本電氣株式會社，成立於一八九九年，於一九七○年開發出日本第一顆人造衛星，一九七二年向全世界轉播了中日邦交正常化實況，二○○二年製造了當時世界上最快的超級計算機。

二○一一年，聯想開始收購NEC計算機企業，並與NEC成立了合資公司。根據當時的協議，聯想佔合資公司百分之五十一的股權，到二○一八年，聯想將控股百分之六十六點六以上。然而，這一進程似乎加速了。二○一六年七月，聯想以約十三億元人民幣（二百億日元）收購二○一一年成立的聯想-NEC控股公司NEC百分之九十的股份。

富士通是日本排名第一的IT廠商，全球第四大IT服務公司，全球前五大服務器和PC機生產商，曾經是世界第二大企業用硬盤驅動器的製造商（硬盤業務於二○○九年第一季度轉移到東芝公司旗下）和第四大移動硬盤製造商，是世界五百強企業。

二○一七年十一月，聯想集團宣佈收購日本富士通個人電腦業務百分之五十一的股權，交易金額達二點二四億美元。

為甚麼日本家電企業紛紛委身於中國企業？中國國內的一些主流觀點認為，很大的原因是輝煌過後的日本製造企業普遍患上了制度僵化、體系臃腫的大企業病，並且過度崇拜技術、創新節奏放慢，在互聯網時代無法跟上市場變化的腳步。種種弊端讓日企逐漸失去了對市場的掌控，讓諸多日本製造企業力不從心，紛紛拍賣家當以求自保。

但是，我並不是這樣認為，日本這些企業紛紛拋售家電事業的一個根本原因，不是因為虧損出賣家當，而是因為這些家當在他們的眼裡，已經成為拖累企業繼續發展的負擔，甚至是一堆垃圾。

日本家電產業為何全面退市？一個根本原因是他們的工廠出現了巨大的虧損，他們的流通渠道也出現虧損，但是他們的技術研發並沒有停止。索尼公司以前是生產電視機，也生產電腦，但是，在整個亞洲市場，尤其是中國和韓國的電視機和電腦產業興盛的背景下，索尼公司再與中韓企業拚市場，已經變得毫無意義。最終，索尼把電視機和電腦全部拋棄，對於索尼來講，這是不是一個英明的決策？現在回過頭來，我們來看索尼公司的業績。在二〇一七年上半年，營業利潤達到三千六百一十八億日元；純利潤達到二千一百一十七億日元。最終全年利潤將達到三千八百億日元。

這是索尼在過去五年間業績最高的一年。那麼，索尼是如何做到高利潤的呢？索尼公司在拋棄家電產業之後，致力於智能化技術開發和物聯網的構建，同時擴大音樂和影像產品的開發。也就是說，索尼從造產品，變成了造技術。比如電視機，索尼自己已經不生產，但是，它並沒有拋棄電視機技術的研發。

最新傳出的消息說，索尼公司將會在二〇二〇年的東京奧運會之前推出16k的影像技術，我們中國目前開始使用4k的電視機，但是日本的4k電視機基本已經普及，索尼公司計劃在未來幾年的時間裡，跳過8k這一技術階梯，直接進入16k的時代。但是，16k的技術並不是隨便就能開發的。索尼公司拋棄了電視機的生產，但是牢牢地掌控著新一代的電視機的核心技術。它本來是直接面向消費者出售電視機，現在變成直接面向電視機廠家出售技術，賺的不是賣電視機的錢，而是技術專利的錢。

作為消費品品牌，索尼手機的確慘敗給了蘋果甚至小米，但作為產業鏈上游的高價值部件商，索尼的地位依然無法撼動。鑒於索尼在攝像傳感器領域的領先地位，蘋果全系手機的圖像傳感器均來自索尼。不光是蘋果，包括小米、華為、OPPO等知名國產手機也幾乎全部採用索尼的圖像傳感器。由於市場需求不斷擴大，索尼還在不斷地增加圖像傳感器的產能，二〇一七年四至九月的淨利潤同比增至八倍，達到二千一百一十七億日元，創十年來新高。

類似的例子還有松下電器。雖然作為手機、等離子電視生產商的松下已經全面退市，但在非消費品領域的松下卻依然是行業翹楚，尤其是在電動車電池方面。

事實上，不少日本知名企業都在重新調整自己的策略：退出家電等消費品領域，轉戰產業鏈上游的高端材料、高價值部件，或者重新回歸工業品製造領域。奧林巴斯目前的主要收入來自醫療，富士在膠捲逐漸停產後成功轉向醫療和工業材料，日立則徹底放棄家電業務，將精力集中在通信、電力、重型機械等領域。而財報顯示，這些轉型都相當成功。

我跟東芝公司一位董事討論過東芝家電產業的問題，他給我講了一個很簡單的道理，東芝公司因為做假賬導致企業股票暴跌。這是壞事，但是也是好事，導致東芝公司實施重根本性的產業結構改革。其實，東芝公司切割家電產業已經滯後，如果他像索尼那樣提前拋售的話，就不至於落得現在這般困難的境地。

他說，對於東芝公司來說，像電視機、電冰箱、電腦等產品，已經不再屬於高檔家用產品的範疇，而是屬於一個最基本的家電用品的範疇，而這些基本家電產品，中國也好，韓國也好，生產技術與工藝都已經相當成熟，東芝公司再捧在手裡，必定失敗。

我們發現，日本這些企業紛紛拋售家電事業，全世界接盤積極性最高的全是中國企業。從海爾開始，到聯想、美的、創維、海信，幾乎中國所有的家電製造企業，都掏錢買了日本企業拋售的這些負資產。

也許我們有一種心態，覺得我們以前跟日本這些企業學習，如今我們強大了，可以把這些日本頂尖品牌的家電事業買下來，有一種佔領總統府的成就感。

但是我覺得這種成就感是盲目的。我很擔心，家電行業在中國市場目前已經處於一個飽和的狀態，中國這麼多的企業還紛紛買下日本眾多的家電事業，很可能會出現家電產能過剩的問題。

也許有人會說，我們可以通過「一帶一路」倡議把我們的家電向海外輸出。這個道理沒有錯，但是家電產品向海外輸出，為甚麼一定要打日本的品牌，而沒有自信打自己的品牌呢？對於非洲市場和中東市場來說，東芝沒有知名度，海信也沒有知名度。兩個都沒有知名度的品牌，其商業價值和市場開拓能力是一樣的。二〇一五年，我去非洲的肯尼亞和埃塞俄比亞採訪「一帶一路」，我特地跑去超市裡轉了一圈，我想看一看在非洲市場，哪些國家的家電產品賣得最好。結果發現，韓國三星的電冰箱、電視機、微波爐在非洲佔的市場份額最大，其次是中國的海爾。相反的，日本品牌的家電產品在非洲市場很少見到。許多非洲人甚至不知道松下和東芝，但是對中國的海爾家電產品，大家還是十分認可的。雖然海爾在非洲市場推出的還只是中低檔產品，但是已經有相當的知名度。

　所以對於這些未開發的市場，其實中國不需要通過購買日本的品牌去打通，完全可以用自己的品牌去打通。就像華為公司，他從來沒想過要去收購索尼的手機，而是堅持打華為的品牌，所以華為能夠逐漸成為一個世界頂尖的品牌，並打開了日本市場，也打開了非洲市場。因此，華為的成功之路，應該是中國家電企業應該走的路。

日本哪幾款電單車被愛車族追捧

每年五一國際勞動節期間，日本會放五天假，稱為「五一黃金週」。正是春光明媚的好時節，因此五一黃金週外出旅遊的人就特別的多。在日本各地的旅遊風景區，往往可以看到眾多的電單車隊。電單車成了不少日本男人和一些摩登女性的時尚玩具。其實在日本，電單車也是人們日常的交通工具，無論是上班還是送貨，東京街頭處處可見電單車的影子。相反的是，中國流行的電瓶車，在日本卻被禁止。

一位網友寫了一篇文章，說他第一次到東京，令他感到十分驚訝的是，腦海中的日本是個發達國家，尤其是東京，幾乎是人人都開高級汽車才對，沒想到單車和電單車卻到處可見，這一點既在想像之中又超出了原來的想像，各種各樣漂亮的電單車構成了一道城市的風景線，令自己這個喜歡電單車的人眼花繚亂。

日本是一個汽車王國，同時也是一個電單車王國。所以，汽車跟電單車相比，數量也不分上下。尤其是在大學校區，走進校園，電單車幾乎佔據了校園的停車場，對於許多大學生來說，開車上學是不可理解的，如果你沒有一輛電單車，也是不可理解的。對於沒有住宿制的日本大學來說，許多學生都是騎電單車上學的。

為甚麼日本人尤其是年輕人喜歡電單車呢？因為電單車和汽車相比有很多先天優勢。

從費用上來說，電單車在日本不能算是便宜，最低的價格在五千元人民幣左右，最高的價格要達到五萬元人民幣以上。也就是說，一輛不錯的電單車的價錢，可以買一輛很好的二手汽車。但是，日本的法律規定，擁有汽車的人一定要有固定停車位，在東京這寸土寸金的地方，一個固定停車位一個月的費用動輒就要兩三千元人民幣，繁華地區就更貴得厲害。而電單車是不需要專門停車位的，也就是說，單車可以放哪兒電單車就可以停哪兒，不會產生停車費。

假設開車上班的話，在都市裡，機關和公司都不可能給員工提供停車位，因此如果自己要找停車場的話，一天的停車費就需要半天的工資。再加上車檢、保險、車輛稅等，養一輛汽車，一年下來各種費用加起來，需要幾萬元人民幣。

而電單車最大的費用就是兩年一次的車檢，但是車檢費用僅僅是汽車車檢費用的十分之一，而且 250cc 以下的電單車不需要車檢。250cc 及以上的排量都可以和汽車一樣上高速公路，在交通擁堵的時候，電單車的優勢遠遠高於汽車。

而且對於許多年輕人來說，騎電單車的時尚感和運動感遠遠超出駕車。這就是電單車受到日本年輕人推崇的主要原因。

日本的電單車從排量上大體是按照這麼一個等級來分的：50cc、125cc、250cc、400cc、400cc 以上。

50cc 的叫作「原付」，算是「助力車」的級別，以那種小踏板電單車為典型。很多上班的公司職員用它來代替單車。還有送報紙、送比薩、拉麵之類的，也有很多用的是 50cc 的小電單車來走街串巷。

125cc 的電單車在電單車駕照上的級別叫作「限定」，也就是說，持有這種執照，最大只能開 125cc 的電單車，學這種駕照的人幾乎都是女孩子。在日本想拿電單車駕照，老師第一件事兒就是把一輛電單車放倒讓你扶起來，倒了都扶不起來，你就別想拿執照了。

250cc這個線是有無車檢的分界線，250cc以下的二輪電單車都沒有車檢，只需要繳很少的車輛稅和保險就可以了，所以有很多精品車卡著250cc這個排量。追求時髦個性的年輕人也有很多人喜歡這個級別的車，因為沒有車檢，就可以去隨心所欲地改裝了。

到400cc為止算是「中型」車，這也是在駕駛執照上限制的，持有「中型」電單車執照的人能開的最大排量是400cc，由於「中型」執照是大多數，所以四大廠家在這個級別上的競爭非常激烈，400cc這個排量的好車也數不勝數。

400cc以上的算是「大型」，在沒有電單車執照的前提下是不可能一步就取得大型電單車執照的，必須先取得400cc為上限的「中型」執照，然後再去取得大型電單車執照。很明顯，政府通過對電單車執照的管理在一定程度上控制了安全因素，兩個輪子的電單車的危險性不言而喻，只有通過嚴格的分級和訓練考核才可以避免過多的「馬路殺手」。

總的來說，在日本，作為上班上學的代步工具，電單車是一個非常廉價的選擇。和所有的行業一樣，日本電單車工業的發展歸根結底離不開用戶的支持。當然，政府在政策上的良性引導也是必不可少的。如果覺得騎電單車危險而禁止電單車，那也等於扼殺了這個產業。

世界上能激發男人慾望的東西有很多，電單車則可以說是最能凸顯男人魅力的玩具。長期以來，日本被稱為世界電單車王國，在日本四大電單車生產公司中，本田公司又被稱為「王中之王」。本田電單車之所以能夠稱雄於世，是因為其電單車產值、產量、品種一直處於世界領先地位。在有些國家（尤其是東南亞一帶），大家談起電單車，言必稱「本田」，似乎「本田」為電單車權威的代名詞，可見本田電單車對世界電單車市場已有極深遠的影響。

在男人們最想擁有的電單車中，四款日本頂級電單車值得為大家做一介紹。

第一款是本田（Honda）。本田如今在汽車領域可謂風生水起，作為日系三強之一，本田無論是家用車還是性能車，都成為時代的經典。但本田今天的成就，卻是從一台帶輔助發動機的單車開始的。六十多年前，本田開始自己的電單車製造。本田電單車型號眾多，但真正令人銘記住本田電單車的，卻是一九九二年推出的火刃系列。一百公里加速僅需三秒，最高車速可達二百二十九公里每小時。

第二款是雅馬哈（YAMAHA）。雅馬哈是目前日本知名的電單車生產廠商。雅馬哈生產電單車的歷史可以追溯到一九五四年。而名為「紅蜻蜓」的 YA1 型電單車則開啟了雅馬哈專注於電單車研發和製造的時代。一九五七年，YDS–1 型競賽電單車的推出，在當時引起了極大的轟動，這台電單車的發佈，奠定了雅馬哈在賽事電單車製造領域的絕對優勢。在隨後的幾十年中，雅馬哈推出了很多知名車型，包括曾經世界上跑得最快的 250cc 的 RD56 車型等，但是最為人所熟知的，是性能堪稱「變態」的 YZF–R1。

第三款是鈴木（SUZUKI）。提及日系電單車，鈴木的名號無人不知。一九五二年，鈴木首次推出排量 30cc 的二衝程發動機，自此開啟了自己的電單車征程。一九五三年，鈴木電單車在富士登山賽和環日本長途性能測試中取得佳績，因此打出名聲，奠定了其在電單車領域的技術基礎。鈴木正式開始自主生產電單車則是從一九五四年開始。一九七六年，鈴木推出 GS400 和 GS750，這也是後來名震江湖的 GS1000S 的前身車型。最高時速三百二十公里，完全可以與頂級超級跑車一比高下。

第四款是川崎（KAWASAKI）。在日本電單車生產商中，川崎重工在電單車產量和數量上名列第四，起初與鈴木等廠商一樣，以研製發動機為主，供給電單車製造商，隨著川崎的壯大，川崎開始獨立生產電單車。在川崎的電單車生產史上，小排量乘用型電單車幾乎難以尋跡，川崎始終秉持著自己的風格，即專注於大排量電單車、賽車、越野賽車的生產，川崎出產的電單車以性能優異、耐久度高、機械性出色聞名車壇，這也是為甚麼很多賽車迷鍾愛川崎的原因所在。

正因為日本有這麼多世界頂尖的電單車，因此也產生了許多的電單車迷。據說，日本全國的電單車俱樂部有二千多個，他們經常在專門的賽車場舉行電單車比賽，或者利用節假日去郊外的盤山公路上兜風。我們在日本許多的風景區都可以看到電單車手酷酷的影子，其中也有不少身材嬌小卻騎著特大型電單車的摩登女郎。半個多世紀生產製造電單車的歷史，催生了日本特有的電單車文化。這種文化，已經成了日本社會一種運動時尚的代名詞。

社會有話

東京人和大阪人有啥不一樣

在京都人的眼裡，東京人是沒有文化的，除了掙錢和花錢，啥也不會。而京都則是千年古都，一個藝伎就足以抵得上東京一群國會議員的影響力。

東京人也不示弱，比不過京都人，自然鄙損京都邊上的大阪人，稱大阪人就像中國的上海人，做事太精明，頭腦裡想的都是如何賺錢。

在我們許多中國人的眼裡，日本是一個小小的國家。日本人說，這個觀點是不對的。從人口的角度來講，日本擁有一點二八億人口，比歐洲主要國家的人口數要多得多，在世界約二百個國家和地區中，日本排名第九位，也算是一個人口眾多的國家。

一個島國能孕育出這麼多的人口，也算是一個奇跡。人一多，自然會出現不同地區的人有不同性格的情況。日本的大阪人絕對不會把自己等同於東京人，而且還相互瞧不起。

那麼，東京人與大阪人有甚麼不同呢？

我發現大阪人和東京人的不同，首先在於坐自動扶梯時站的方向不同。東京人是站在左邊，而大阪人是站在右邊。結果，東京人跑到大阪，常常被大阪人嘲笑：「連電梯都不會坐。」

為甚麼東京人坐自動扶梯是站在左邊，而大阪人是站在右邊呢？

有一種說法是因為過去的江戶（也就是現在的東京）是德川幕府時代的中心，有許多武士，武士大多將刀劍佩戴在身體左側，拔刀時習慣於用右手，因此站在左側的位置，便於拔刀。

為甚麼大阪人站右邊呢？

因為大阪自古以來就是一個商業城市，相對於東京，這裡沒有多少武士，最多的是商人。而商人是右手拿算盤的，因此，就習慣於站在右邊。

還有一種說法是，大阪的第一個自動扶梯是一九六七年在阪急梅田百貨店裡設置的。三年後的一九七〇年，大阪舉行世界博覽會，為了方便來大阪的外國遊客，大阪按照「國際慣例」實施了自動扶梯右側站立這一規則。以此為契機，這一習慣被固定了下來。

大阪市總人口約有二百六十七萬人，在日本，是僅次於東京、橫濱人口第三多的城市。

大阪因為是一個臨海地區，因此從奈良時代（相當於中國的唐代）開始，就成為日本關西地區主要的貿易港口。一五八三年，豐臣秀吉修建大阪城，並以大阪作為豐臣政權的統治核心城市。在江戶時代，大阪和京都、江戶並稱為「三都」，是當時日本經濟活動最為旺盛的商業都市。

大阪擁有以鋼鐵、機械製造、金屬加工為主的重工業和以紡織、印刷、食品、造紙及化工為主的輕工業，全市有十萬餘家各類商店。松下電器、三洋電器、夏普、三得利、日清食品等著名企業均誕生於大阪。

日本著名的鐘錶公司精工曾經做過一個調查，調查的題目是：《東京人與大阪人的時間感覺》。調查中有這麼一個問題：「對於你想去的飯店，從點菜到把菜端上來，你能夠心情較好地等待多長時間？」回答「三十分鐘以內」的，東京人佔百分之十二，大阪人佔百分之三。由此，我們可以看出，在性格上大阪人比東京人急躁。

大阪人性格的急躁還體現在到銀行取錢方面。在銀行的 ATM 機前面，東京人一般會規規矩矩地排隊等待，大阪人則總是在排隊的時候向前探頭探腦，好像是在問：「怎麼還沒有完？」街頭交通信號的紅燈改變以後，東京人會左右張望一下再過人行橫道，大阪人則是馬上急匆匆地走過去。在電車上遇到手機響了，東京人一般會輕聲說：「我現在在電車裡面」，然後把電話關閉，在大阪的電車中則能看到不少人在打電話。

日本有一個娛樂電視節目，有很多立意新穎的搞笑劇。

為了考察東京人和大阪人的待人處世的方式，攝製組事先在東京和大阪各選了一個二十四小時便利店。

設計的情節是這樣的：一個扮顧客的演員，拿著一包煙，去櫃台加塞，當然是文明加塞，事先徵得後面排隊顧客的同意：你看，我就一包煙，而且有急事，讓我先結賬可以嗎？

在這種情況下，日本人一般不會拒絕。

戲劇性的情節在後頭，當售貨員收款按鍵找零時，突然清脆悅耳的音樂響起。售貨員故作驚訝地喊：「祝賀你，你是我們店裡今年第一百萬位幸運客人。這是給你的獲獎證明，你可以去我們公司總部領取一輛跑車。」

嘿，高潮來了，讓我們看看東京人和大阪人是如何反應的。

讓這位獲獎者加塞的那位東京人，看到加塞的顧客興高采烈的樣子，他只是一臉苦笑，並沒有甚麼行動。心裡肯定在想，那本來是屬於我的獎，讓他插隊拿去了，我運氣真差。

那麼，大阪人是如何反應的呢？他跟售貨員大聲抱怨：那獎本來應該是我的嘛！讓他插隊買煙可以，那份大獎可不能讓他拿。

那個演員「托兒」故意裝作要離開的樣子，那個大阪人死抓住他不讓走，非要分一半不可。

這個節目，將東京人和大阪人的性格差異展現得淋漓盡致。

我在日本二十多年，總體感覺是：東京人比較安靜文明，為人禮貌周到；而大阪人喜好熱鬧，為人熱情，禮數上略遜一籌。東京人說的話，跟電視上的新聞主播一樣；大阪人說著一口關西方言，東京人大半是聽不懂的。正因為大阪人性格開放，所以滑稽明星和侃爺大多出自大阪。在日本各電視台上大紅大紫的節目主持人，有許多是出身大阪的笑星。

你在東京乘坐出租汽車的時候，東京的司機基本上處於無語的狀態；大阪的司機則大都會熱情地招呼幾句，有的甚至和你聊上一路。

東京和大阪兩地人不同性格的形成，一個很重要的原因是東京人大多是朝九晚五的公務員和大公司總部職員，做事謹小慎微；大阪人主要是做生意的，商人文化使得大阪的民風趨向奔放大膽。

令人驚訝的還在於，受到商人文化的影響，在大阪買東西很多人喜歡殺價，尤其是老太太，但是在東京買東西殺價的情況很少發生。如果你和店家討價還價，商店的老闆會認為：「你這個人怎麼會這麼沒有素養？」

東京人很在意別人的想法，所以當碰到甚麼事情的時候，講話不會很直接，會適當地用好聽的話去包裝，給人溫和有禮的感覺。但有時也因為東京人這種為人處世的性格，讓人搞不清楚他們到底在想甚麼，進而產生距離感，要想跟東京人成為真正的朋友，可能需要一點兒時間。

與東京人相反，大阪人不太在意別人的眼光，他們有話就說，不怕表露自己真實的想法。比如他們在給你建議或糾正你時，不太會拐彎抹角，通常是開門見山給你當頭一棒，這樣做可能一開始會嚇到你，但等你了解大阪人的處事作風後，會發現他們沒甚麼心眼兒而且很容易成為朋友。

日本總務廳的調查統計表明，在購買書報方面，東京人每年平均花費二萬八千八百日元，大阪人每年平均花費一萬八千七百日元，相差一萬日元。東京平均每一百萬人擁有二十九個圖書館，大阪平均每一百萬人只有十三個圖書館。有人這樣說，大阪人不喜歡讀書，但大阪人更喜歡聽、喜歡說，他們是用耳朵在接受信息，而東京人是在用眼睛接受信息。

最後，我跟大家來解讀兩個日語：「アホ」和「バカ」。這兩個詞，都是「渾蛋、笨蛋」的意思，但是大阪人很喜歡講「アホ」，這是一種類似開對方玩笑的用語，覺得對方傻傻的、很可愛。

但是東京人聽到被人說「アホ」，他會很受傷，覺得真的是在罵他「笨蛋」。反而，東京人開玩笑時會講「バカ」，如果是對著大阪人講的話，大阪人會急得要跟你斷交，因為他也會認為，東京人真的是說大阪人是「渾蛋」。

日本老人退休後為何忙於創業

我們亞洲通訊社邊上，有一家居酒屋，面積不大，僅四十平方米左右，最多可以容納二十人。這家居酒屋有一個特點，晚上是喝酒的，中午是供應工作套餐。我晚上帶朋友去喝酒時發現，中午的店員和晚上的店員是兩撥人，晚上是四位男人在經營，而中午是四位老太太在經營。問了店長才知道，中午時段是租給這四位老太太做工作套餐的，因為附近公司很多，公司裡的員工都得吃飯。

我很好奇，好奇的不只是這種經營模式，而是這四位老太太怎麼會想到承包這家居酒屋的中午時段呢？一打聽，發現這四位老太太中，有兩個是姐妹，有一個是鄰居，還有一個是小學同學，平均年齡七十六歲。五年前開始承包這家居酒屋，做的套菜純粹是家庭料理——媽媽菜，價格是一份七百日元（約四十五元人民幣）。店長是八十一歲的春子大媽，我問她為甚麼這麼大年紀了還想著開店，她給我講了個故事。

春子大媽的家，就住在東京的赤阪，距離居酒屋走路十分鐘。她看上去特別的眉目清秀。我沒有想到，春子大媽還是日本著名的御茶水女子大學文學部畢業。畢業以後，她就一直在中學裡當國語課教授。十年前，丈夫去世了，孩子也都已經獨立，她每天在家裡待著悶得慌，於是想著自己做一點事情。有一次到這家居酒屋吃飯，跟店長聊上了天，得知店裡中午不營業，於是就提出來承包中午時段做工作餐，店長爽快地答應了。於是，她就招呼幾位小姐妹一起成立了一家有限會社，開始經營這家店。

四姐妹店從中午十一時開始營業到下午二時關門，一天的營業時間也就三個小時，但是一般情況下，她們都需要在上午九點鐘就趕到店裡來做各種準備工作，除了週六、週日休息，幾乎每天都能看到四姐妹的影子。

前些天，是日本的盂蘭盆節，店裡休息了五天，四姐妹居然跑到香港、台灣去玩了幾天。這種創業的故事，如今在日本越來越多。

日本經濟產業省下屬的中小企業廳發佈的調查數據顯示，二〇一二年，日本新創業人群中，百分之三十以上是六十歲以上的老年人，而在三十年前，這個數字只有百分之八。

為甚麼日本的老年人在退休後會想到創業呢？

第一，與年輕人相比，老年人手裡的錢相對較多。日本五十五歲以上的人大多有一千萬日元（約合人民幣六十五萬元）以上的積蓄。而在六十歲退休時，一般可以拿到一千萬至二千萬日元的一次性退休金。所以，當一個老年人準備創業的時候，他手裡的資金至少有二千萬日元左右（約合人民幣一百三十萬元），而不是像年輕人那樣，需要借錢創業。

第二，老年人工作經驗豐富，人脈比年輕人更廣、閱歷更豐富、心態更平和。這些優勢可以幫助他們在創業過程中順利發展，成功概率更大。

第三，日本人的平均壽命連續二十年排名世界第一，女性的平均壽命為八十六點八歲，男性的平均壽命為八十點五歲。對於一位六十歲退休的人來說，理論上至少還可以好好生活二十年，在這二十年中，是每天在家等待末日的到來，還是讓自己的生活更加精彩？許多日本人選擇活到老幹到老。所以，我們坐出租車、上居酒屋、出入新幹線車站、去銀行辦理業務，都可以看到老年人忙碌的身影。

第四，是為了增加收入。在日本，超過五十歲的員工薪水很難上漲，六十歲時收入開始大幅減少。與此形成鮮明對比的是，如果是一名企業經營者的話，他的工作年限越長，收入就越高。因此，這個誘惑，也促使越來越多的老年人投身創業。

但這並不意味著老年人只是為了錢去創業，他們創業還有「非金錢理由」。很多老年人出於「希望自己的技能得到發揮」「想利用自由時間做點事」的動機，走上創業之路。投身創業的老人們希望讓自己幾十年來積累的知識和經驗發揮作用，並享受有效率、有成就、被尊重的充實的「黃金歲月」。

日本政策金融公庫的調查顯示，五十歲以上的創業者面對「盈利」的壓力相對不大，近百分之七十的創業者認為「只要能收支平衡就好了」。

家住神奈川縣的山本聰夫婦便抱有這樣的想法。二〇一一年，五十五歲的山本聰申請提前退休，尋找創業地點。當時妻子不理解：「都甚麼年紀了，還想著創業？」在丈夫的遊說下，兩人搬到了東北地區的秋田縣，在這個盛產稻米和美酒的地方，開了一家融合了餐廳、農舍與菜園的農居，類似於我們中國的農家樂。為了給顧客提供優質的服務，他們只接受提前預約，晚餐時間只接待兩組客人。

創業以來，山本聰夫婦遇到過許多困難，但都被他們一一解決了，如今農家樂基本上實現了收支平衡。對此，山本聰頗有感觸：「想實現盈利比想像中難，但比起賺錢，我更想好好珍惜與人相處的美好時光。」

老年人創業，大多從事甚麼行業？日本政策金融公庫的調查發現，老年人創業主要從事諮詢、餐飲及旅館業，他們傾向於利用自己的職業經驗為客戶提供管理諮詢和其他企業服務。其中有近四分之一的人沒有幹自己的老本行。

老年人創業看上去很美，但市場研究、經營策略、財務融資等重重關卡，讓思維模式已定型的他們需要重新「補課」。為了支持老年人創業，安倍上台後，重啟了「創業塾」行動。在「創業塾」裡，由政府委託的地方金融機構、工商團體、律師、稅務師、創業家等擔任講師，合力開設創業課程，解決老年人在創業過程中的疑難問題。

日本政府還對老年創業者提供資金。中小企業廳可向由六十歲以上創業者創建的雇用老年人的公司發放補貼，最高二百萬日元（約十二點五萬元人民幣）。通過日本政策金融公庫的「老年人創業者支援資金」貸款制度，老年創業者可得到最高七千二百萬日元（約合人民幣四百五十二萬元）的貸款，而且年利息在百分之一點五以下。

為了鼓勵老年人創業，日本政府還修改了《商業法》，制定了鼓勵民眾創業的政策，並為其創業提供各種方便。正常情況下，在日本註冊設立股份公司，也就是株式會社，至少需要一千萬日元的資本金，設立個體企業至少需要三百萬日元的註冊資金。為了鼓勵老年人等普通民眾自行創業，修改後的《商業法》允許設立資本金只有一日元的公司。這樣，只要民眾希望自己創辦企業，自謀出路，就可以不受最低註冊資本的限制，甚至可以用一日元開辦公司。當然，修改後的《商業法》還規定，一日元公司成立後必須逐步增加註冊資本，在五年之內達到法定的資本金。

日本總務省的統計顯示，不包括從事農業和林業的老人，二〇一三年時，日本有六百三十六萬名六十五歲以上的老年人依然在工作，佔六十五週歲以上老年人口總數的百分之二十，比上年增加了百分之七點七。這意味著，日本每十名就業人口中就有一名是六十五歲以上的老年人。老年人從事的工作不僅限於服務業，不少甚至在製造業第一線。像德島市主要生產電子產品的山菱電機公司有一百多名員工，其中十六人是六十五週歲以上的老年人，年齡最大的已經七十三歲。

學者張文智先生指出，老年人成為日本勞動力的重要組成部分，也反映出日本經濟長期低迷、出生率不斷下降、人口結構嚴重老化、年輕勞動力不足等社會經濟結構性問題。

與老年人紛紛投身於創業事業相對立的是，日本年輕人越來越不敢承擔創業風險。根據日本中小企業廳的報告，二〇一二年新創業者中，三十歲以下的年輕人佔百分之三十六，而三十年前為百分之五十七。年輕人除了擔心失敗會使生活陷入困境外，也與日本獨特的社會文化有關。他們認為「失敗」是很丟人的事，而創業總是伴隨著失敗。如此一來，多數年輕人大學畢業後選擇進入公司打工，安安穩穩過一輩子，而不是冒險地創業。所以，我覺得日本的年青一代與他們的父輩相比，總缺乏一種勇氣——一種不怕挫折、不屈不撓的闖勁兒，這也是我替日本社會的未來感到擔憂的一點，也許這種擔憂是杞人憂天。

日本人一年的獎金有多少

過了七月一日，意味著二〇一七年的半年時光已經過去。而對於許多日本人來講，七月一日是最令人感到歡欣鼓舞的日子，因為一年一度的夏季獎金發放了。

日本無論是政府機關還是企業，獎金都是一年兩次，也就是說，六月三十日發夏季獎金，十二月十日發冬季獎金。相對來說，冬季獎金要比夏季獎金稍微高一點兒，一般要高出百分之十到百分之二十。

在日本，大家都有一個基本的概念，就是你一年可以領取到十六個月的工資。那麼一年才十二個月，多出來的四個月收入算甚麼錢呢？那就是獎金。

日本政府機關幹部（也就是公務員）的獎金評定，與企業是不一樣的。公務員的獎金是根據法律規定來評定和發放的，這部法律就是《公務員給予法》。在日文中，沒有「薪水」和「工資」這樣漢字的表示，只有兩個字：「給予」或者「給料」，「給予」和「給料」就是工資的意思。那麼在日文中，「獎金」叫甚麼呢？通常叫「ボーナス」，是從英語中音譯過來的，老式的叫法叫「賞與」。

那麼，公務員的獎金額度是以甚麼標準來制定的呢？基本上是大企業與中小企業獎金的平均值偏上。這樣做的目的，是為了避免公務員過多獲取國民繳納的稅金謀取個人私利。

日本公務員分為國家公務員和地方公務員。國家公務員指的是中央機關的工作人員；地方公務員指的是在地方政府機關工作的人員。二者的錄用考試體系分別獨立，因此地方公務員要成為國家公務員必須經過考試，按照我們中國的概念，一個省發改委主任要直接提拔到國家發改委去當司局長是不可以的，他必須先參加「國家公務員」的資格考試。也就是說，國家公務員和地方公務員是不可串位的。

日本國家公務員的獎金分成兩個等級，一類是一般公務員，也就是課級（中國叫處級）以下的普通幹部。課級以上的幹部，叫管理職公務員。

二〇一七年六月三十日，日本內閣人事局發表了一條消息，稱一般國家公務員的夏季獎金平均為六十四點二萬日元（約四萬元人民幣），比二〇一六年高出一點二萬日元，增幅為百分之一點九，與五年前相比，已經增加了十三萬日元（約八千二百元人民幣）。

二〇一七年的冬季獎金額，日本一般國家公務員冬季獎金平均是七十四萬日元，相當於四點六萬元人民幣。這樣算起來，國家公務員一年的平均獎金為一百三十三萬日元（約八萬三千元人民幣）。

日本國家公務員的平均年齡為三十六點四歲，平均月工資為三十三萬日元，那麼這一百三十三萬日元，就相當於他四個月的工資。

那麼，日本國家公務員中擔任領導職務的官員的獎金是多少？職位最高的幹部，是中央各個部委的「事務次官」，類似於「常務副部長」，二〇一六年，事務次官的夏季獎金是三百一十四萬日元，冬季獎金為三百四十三萬日元，加起來是六百五十七萬日元（約四十一萬元人民幣），是一般公務員一年獎金的五倍。而司局長級幹部的一年獎金為五百萬日元（約三十一萬元人民幣）。

在日本政府中，除了以上的一般公務員和管理職位公務員之外，還有一群特殊的人，叫「特殊職」，他們是指首相、最高法院院長、議會議長、政府部長、國會議員和自衛隊員等。這群人中，獎金最高的是兩個人，一個是首相，一個是最高法院院長，他們兩個人的夏季獎金是五百二十九萬日元，相當於三十三萬元人民幣，冬季獎金是六百八十萬日元，相當於四十二萬元人民幣，一年加起來為一千二百零九萬日元，相當於七十五萬元人民幣。第二個檔次是眾議院議長和參議院議長，相當於我們全國人大委員會委員長和全國政協主席，他們一年的獎金是一千零六十萬日元（約六十六萬元人民幣），比首相和最高法院院長少了二百萬日元。那麼內閣大臣，也就是政府部長，他的一年的獎金有多少呢？是八百一十九萬日元（約五十一萬元人民幣）。從這個數字上我們可以看出，部長與一般的中央機關幹部相比，一年的獎金相差六倍。

安倍首相為了推進行政改革，自削了百分之三十的獎金和工資。內閣大臣們也跟著減了百分之二十的獎金與工資，因此，他們現在實際到手的就沒有這麼多了。

日本總人口為一點二七億人，國家公務員總人數為六十四萬人，佔公務員總數的百分之十九，這其中也包括二十三萬名自衛隊員。那麼地方公務員人數有多少呢？為二百七十三點八萬人，佔公務員總數的百分之八十一。

說完國家公務員的獎金，我們再來說說地方公務員的獎金。地方公務員的年度獎金，是根據各地方的財政收入狀況並參考當地企業的獎金各自制定，沒有全國的統一標準。最高的是東京都政府，為一百七十六萬日元（約十一萬元人民幣），最低的是鳥取縣政府，為一百四十五萬日元（約九萬元人民幣），與東京都政府差了整整二萬元人民幣。二〇一六年，日本地方公務員平均的年度獎金為一百六十四萬日元，比國家公務員還高出三十一萬日元（約二萬元人民幣）。所以，日本地方公務員的日子要比中央機關幹部的日子好過，一方面是獎金多，另一方面是物價與生活成本低，所以當京官在經濟利益上好處不多。

說完公務員的獎金，我們再來說說企業的獎金。

日本的企業與政府機關一樣，都沒有月度獎，也是一年兩次的獎金。企業的獎金沒有法律依據，完全由企業自己確定。利潤好的企業，獎金就多。沒有利潤的企業，尤其是中小企業，甚至連一萬日元都沒有。

那麼企業的獎金一般來說有多少呢？根據二〇一六年的統計，日本企業員工夏季的平均獎金是三十五點八萬日元（約二萬二千三百元人民幣），冬季的獎金平均是五十五萬日元，全部加起來為九十點八萬日元，這比國家公務員的一百三十三萬日元和地方公務員的一百六十四萬日元少了許多。

但是，這只是日本大小企業的平均數，日本大企業的獎金，夏季平均是八十一萬日元，冬季平均是九十萬日元，一年加起來就有一百七十一萬日元（約十點七萬元人民幣），遠遠超過公務員的獎金數。

在日本企業中，哪類企業的獎金最多？是製造企業。製造企業的年度平均獎金為一百四十三萬日元，而非製造企業的年度平均獎金只有一百零三萬日元，相差四十萬日元。這就意味著，有技術的藍領工人的獎金遠高於一般公司的職員。

那麼，拿到獎金以後是不是就可以隨心所欲地亂花？日本生命保險公司所做的一項調查顯示，只有百分之八的人覺得到手的獎金我想幹甚麼就可以幹甚麼，更多的人，在獎金到手之前，就已經有了用處。

調查結果顯示，排第一位的是存銀行，佔百分之七十五；排第二位的是還貸款，包括還房貸、車貸和信用卡；排第三位的是孩子的教育；排第四位的是旅遊；排第五位的是投資，包括購買股票和銀行的金融產品。

那麼，在可支配的獎金中，日本人第一想買的是衣服，第二是與汽車相關的商品，第三是筆記本電腦，第四是買傢具，第五是買書，第六是買相機，第七是換手機，第八是購買體育用品，第九是買電子產品，第十是購買遊戲機和自己收集的東西。

這個排序是不是跟我們中國人拿了獎金之後的想法一樣？請大家各自對照。

日本的情人旅館為何紛紛倒閉

最近，日本社會出現了一個怪現象：有不少情人旅館破產。情人旅館為甚麼會破產？道理很簡單，那就是生意實在太清淡。日本社會正在進入一個沒有慾望的社會，情人旅館的破產，就是一個很鮮明的標誌。

由於日本允許AV產業的發展，因此在不少人的印象中，日本民族是一個很色的民族，日本人是一群很熱衷於性愛的人群。但是，現實的日本社會又是如何呢？

我們來看一組數據。日本國立社會保障與人口問題研究所發表的一份調查報告說，日本十八歲至三十四歲女性中，有百分之三十九的人還是處女，這一數字足以讓許多男人們感到驚訝與歡欣。還有一個數據，同樣會讓人感到吃驚，在十八歲至三十四歲的日本男性中，「童子身」的比例也高達百分之三十六。

調查報告還顯示，十八歲至三十四歲的女性中，有一半沒有男朋友。而在三十五歲至三十九歲的年齡段中，有百分之二十六的女性和百分之二十八的男性從未有過性生活。

三十四歲以下的女性的處女率近百分之四十，這一個比例就很能說明日本女性並不像AV片中渲染的那樣開放與隨便。但這一數據也說明，日本社會確實已經進入了「無慾望社會」，或者說是「低慾望社會」。

日本的這種無慾望社會，不只反映在性問題上，也反映在社會的各個方面，比如日本人沒有炒房的慾望、沒有炒股的慾望、沒有結婚的慾望、沒有購物的慾望，宅男宅女越來越多，談戀愛覺得麻煩，上超市覺得多餘，一部手機便框定了自己生活的所有。

針對這一現象，日本著名管理學家大前研一先生寫了一本書，叫《低慾望社會》，副標題叫《胸無大志的時代》。

在這本書中，他感歎道：日本年輕人沒有慾望、沒有夢想、沒有幹勁。無論物價如何降低，消費無法得到刺激；經濟沒有明顯增長，銀行信貸利率一再調低，而三十歲前購房人數依然逐年下降；年輕人對於買車幾乎沒有興趣，奢侈品消費被嗤之以鼻；宅文化盛行，一日三餐能打發就行。日本已經陷入「低慾望社會」。

為甚麼如今的日本社會會出現這一現象？

大前研一先生分析說，既有一個社會高速發展趨向成熟後的一些共同原因，也有日本社會獨特的傳統文化基因因素。

日本戰後有過兩次生育高峰，第一次是在一九四七至一九四九年期間，日本投降後，大批軍人回到日本，催生了這一生育高峰期。這一批人在日本二十世紀七八十年代，成為推動日本經濟高速發展的主力軍，也經歷了日本戰後最為富裕與輝煌的時代（經濟泡沫期），稱為「團塊年代」。如今這些人都已經七十多歲。

第二次生育高峰期是在一九七〇至一九七五年之間，出生時，正趕上日本進入汽車時代，小時候最美好的記憶是，家裡買了一輛轎車，爸爸開車帶全家人去泡溫泉。但是，這一批人在大學畢業參加工作時，剛好遇上日本泡沫經濟的崩潰，就業困難，收入減少，為了生存和找到一份好工作，不得不調整自己的知識結構，與別人展開競爭，每天奔波在掙錢養家的路上，身心疲憊。這些人被稱為「小團塊年代」，如今都是四十多歲到五十多歲的中年人，正是日本各行業的核心力量。

這兩個年代的人，團塊年代的人通過奮鬥吃到了「糖」，而小團塊年代的人，通過奮鬥吃到的是「鹽」。因此，日本出現了這種現象，吃「糖」的人如今拿到高額養老金四處遊玩安度晚年。而吃「鹽」的人，始終擔憂自己的未來，在身心疲憊中失去慾望。

二十世紀七十年代之後，日本再也沒有出現新的生育高峰期，人口逐年遞減，只落得高峰期的一半。

為甚麼日本的出生率越來越低？

第一個原因，是因為日本年輕人看著自己父母辛勞的生活，越來越不願意結婚，結婚年齡一再推後。

男人覺得自己婚後就像是一部掙錢機器，拚命努力，也滿足不了一家人的美好生活。而女人們也感覺結婚生子，整天待在家裡伺候孩子伺候老公失去人生的價值。所以，無論男女，更願意去享受一種自由自在的單身生活。因此，日本年輕人晚婚率很高。日本厚生勞動省的調查，二〇一五年時，日本男性平均結婚年齡為三十一歲，女性為二十九歲，這兩個數據均創下了歷史最高紀錄。

日本國立社會保障與人口問題研究所在二〇一五年公佈的「終生未婚率」的調查數據顯示，五十歲之前從未結過婚的日本男性比例約為百分之二十三點四，女性比例約為百分之十四點一，創下歷史新高。這意味著，日本男性平均每四人中就有一人、女性平均每七人中就有一人終生未婚。

第二個原因，是沒有性生活的夫妻越來越多。

日本NHK電視台對四十多歲的已婚婦女做了一次問卷調查，結果顯示沒有夫妻生活的佔了百分之六十三。問到原因，有百分之二十以上的婦女回答說：厭倦和老公過性生活。另外近百分之六十的理由是：提不起興趣，老公也太累。

最大的問題是，三十多歲的夫妻中，一年中只有數次性生活，或者根本沒有的比例也高達百分之四十一點六。

夫妻之間沒有性生活，直接導致日本出生率的持續下降。最初是不願意結婚，結了婚之後不願意生育。生了一個之後，不願意生第二個。到目前為止，日本育齡婦女的平均生育率只有百分之一點四。日本政府雖然採取了各種補助措施，比如生孩子補助四十二萬日元（大約二萬五千元人民幣）。孩子出生之後直到初中畢業，每個月都會有一筆生活補貼費。但是，不願意生孩子的女性越來越多，因為一旦生了孩子，就要放棄工作，同時自己將失去自由。因為日本的孩子，都是母親自己養，爺爺奶奶外公外婆不會幫你帶。

低出生率帶來的第一大問題就是消費的萎縮。

雖然隨著互聯網與物聯網時代的到來，新技術新產品層出不窮，但是除了一部手機，其他商品再也調動不起年輕人購物的興趣。看不到年輕人買汽車，看不到年輕人買房子，LV包包沒人碰，電視機銷量大跌。無論商家如何宣傳大拍賣、大出血，年輕人就是心不動，腳也不動。年輕人數量逐年減少，消費市場趨於飽和和低迷狀態。

低出生率帶來的第二大問題就是教育危機。

日本的教育資源並不缺乏，但是作為一個傳統文化和西方外來文化混合的社會，目前日本的教育處於兩難境地。

一方面，追求精英教育的父母不斷督促孩子去上各種私塾補課，尋求出人頭地；另一方面，孩子們在拚命的努力中，對於父母傳統的生活態度感到虛幻，「人生如同是在一個軌道上，還沒有進入軌道，就已經知道軌道那頭的結果」，這使得許多日本年輕人產生了一眼看到人生盡頭的失落感。

而這種失落感，使得許多的年輕人對於他們的父輩，那種為了獲取社會的認可，甘於犧牲自己的個性為公司而努力，從而尋求富裕中產階級生活的價值觀產生厭惡，他們想過自己想要的生活。

比如大學畢業後開一家小麵包房，做一個與眾不同的髮型師，比在大公司爬格子要酷得多；做一個時尚設計高手，開自己的事務所，或者電腦開發從業者做自由職業者，自己簽約而不是受制於公司的固定上下班制度，成為年輕人的追求。

當個性追求漸漸高於共性，年輕人已經失去了對物質攀比的興趣，你有沒有車，有沒有房，對於許多日本的年輕人來說，是毫無意義的話題。東京這座國際大都市，百分之八十五的年輕人結婚時租房子，只有百分之五的年輕人買汽車，這種對於物質的低慾望，使得銀座街頭的奢侈品變得毫無價值。

物質上已經極為發達的日本，文化上對於歐美文化是崇拜和模仿的，隨著矽谷精神的崛起、簡素的生活、回歸生命本質的探索、自我意識的覺醒，使得做自己想做的事情、過自己想要的生活成為主流。因此，日本社會如今最為推崇的，不是「買買買」，而是如何簡約，過一種最簡單的生活，讓自己多出一點時間，靜靜地看書、旅遊、看世界。同時，一種動物性的本能與慾求，正在漸漸退化，對於戀愛、對於結婚、對於性，提不起興趣，有的索性就躲進虛構的動漫或愛情動作片裡宅起來。

作為生活在一個自由的現代國家的年輕人，選擇單身、選擇無性，甚至選擇同性，是個體的自由選擇，無可非議。但是，性與繁殖，本是推動人類進化、推動社會發展的動力；一旦失去這個動力，整個社會就會變成無慾社會，少子化老齡化問題日益嚴重，消費就會大大減少，就業率就會大幅下降，經濟就會衰退，社會發展就會停止甚至倒退，這是一個最為可怕的結果。日本的未來，令人擔憂。

最近聽到一個消息，日本政府準備修改法律，同意將情人旅館改造為青年旅店，用於接待越來越多的外國遊客。

日本哪裡的女人最厲害

在許多人的印象當中，日本女性是世界上最溫順的女性，我們以前看日本的電影，最受感動的畫面是：老公一早出門去上班，太太打開房門，然後把手提包遞給老公，向老公一鞠躬，輕輕地說一聲「いってらっしゃい（您走好）」。等到老公晚上下班回家，太太聽到門鈴聲，馬上會一路小跑過去開門，再說一句「お帰り（您回來了）」，然後順手接過老公的公文包，幫老公脫下西裝，對老公說：「浴缸的水都已經放好了。」

日本女性溫柔賢惠的形象深深地根植在我們許多中國男人的心中，「日本女人」也成了許多中國男人渴望的賢妻偶像。所以後來中國社會流行這麼一句話「住美國房子，娶日本老婆，吃中國大餐」是人生的三大享受。這句話的原話是文學大家林語堂先生說的，他說：「世界大同的理想生活，就是住在英國的鄉村，屋子安裝有美國的水電煤氣等管子，有個中國廚子，有個日本太太，再有個法國的情婦。」此話一直流行至今。

正因為中國社會對日本女人有一個比較正面的認知，所以不少男生到日本來留學，親朋好友總會開玩笑：「過年帶一個日本媳婦回來。」

我出差回國，在酒桌上，大家常常會問我這麼一個問題：「現在日本的女人還是那麼溫柔嗎？」

這個問題很難回答。我只能這樣告訴大家：如果你要在現今的日本社會中去尋找二十世紀八十年代日本電影中美好的日本女性形象的話，很難，估計需要衛星掃描。因為時代在改變，尤其是在東京、大阪這樣的國際大都市裡，你要找到一個每天鞠躬送你上班、回家以後幫你脫下西裝這樣溫順恭敬的太太的話，估計相親十個，不一定能夠找到一個。但是如果去日本東北地區農村的話，這種可能性還很高。在東京這樣的大城市，女性在公司裡，以前只是幹倒茶、複印、擦桌子的活兒，日語中有這麼一句話：「はい、お茶どうぞ、コピーに行きます。（請您喝茶，我幫您去複印。）」但是，現在倒過來了，女性在公司裡擔任科長、部長，甚至執行董事乃至社長的人越來越多。政府機構中，不僅有女高官，連防衛大臣都變成了女性。因此，女性指揮男性在日本社會中變得越來越普遍。相反的，男性變得越來越弱勢，在東京的涉谷、原宿等年輕人經常聚集的地方，你偶爾會看到一對年輕的小戀人吵架，女孩子會掄起手給男孩子一個輕輕的耳光。那時候，日本的老人們一定會目瞪口呆：這在以前，是不可能發生的事。

日本社會現在開始回到中國的二十世紀八十年代，女人們開始尋找「高倉健去了哪裡」。在二十世紀八十年代，日本影星高倉健是許多中國女人心目中的男子漢形象。

我們有時候會把日本看作一個小國家，其實日本不小，從北海道坐飛機飛到沖繩，也需要四個多小時。因為日本是一個狹長的島國。正因為是一個島國，各地的風土人情不一樣，人的個性也不一樣。

我有個小伙伴，是大連人，挺具有東北男人的個性。他到北海道大學留學，讀完研究生之後就留在了札幌市工作，然後與一名北海道的日本女孩結婚。在他的印象當中，日本女孩子總是溫順得像一隻小綿羊，但是結婚不久，兩人就開始吵架，吵架的原因很簡單，因為他的太太並不是一個專業的家庭主婦，和他一樣白天上班。因此太太就要求兩人分擔家務。要求他每天打掃廁所、掃地和洗碗。他說在自己的印象中，日本女孩子的形象完全不是這樣的。

後來他向我訴苦，我給他講了一個很簡單的道理。你知道中國有闖關東的歷史嗎？當年，清政府為了鼓勵人們開發東北地區，出台了一項「誰開發，誰擁有」的政策。結果來自山東等地的許多人全家遷往東北去墾荒，這就是「闖關東」的故事。

日本政府也同樣，在明治時期，為了鼓勵國民開墾北海道，也出台了「誰開發，誰擁有」的政策，結果也有一大批日本本州人跑到北海道去墾荒。北海道土地肥沃，但是荒無人煙。尤其是在冬天，氣溫是零下三十幾攝氏度。因此女人們不可能每天只幹燒飯的活兒，必須和丈夫一起墾荒種地，因此，北海道女人的「男女平等」的意識比日本任何一個地方的女人都強，尤其是在家庭中，妻子與丈夫一起做家務，是當然的事。

聽了我的解釋，大連小伙默默地問了我一句：那麼徐老師，日本哪裡的女人最溫柔？我告訴他：第一是與北海道隔海相望的青森縣，第二是青森縣邊上的秋田縣。但是你別胡思亂想，老老實實擦廁所洗碗過日子。

其實這個「青森與秋田女人最溫柔」結論並不是我的發明，而是索尼生命保險公司在二〇一六年實施的家庭生活調查中得出的。調查結果顯示，青森縣和秋田縣的女人忍耐力最強，而且在別人面前最給自己老公面子。

青森縣、秋田縣是日本的東北地區，與北海道一樣，冬天也是很冷，有時候雪會堆得三十四米高。但是與北海道不同的是，青森縣和秋田縣是日本著名的稻米產區，也是紅富士蘋果的故鄉，蔬菜和水果都十分豐富，由於靠近日本海，水產品也十分豐富，自古以來是十分富裕的魚米之鄉。而且青森縣和秋田縣是日本美女最多的地區。看來找日本太太，要首選日本東北女性。

其實，北海道女性還不是日本最為囉唆的女人，日本著名的社會文化學者矢野新一先生在《女人的縣民性》一書中，將大阪女性列為日本最囉唆第一位。矢野先生分析說，過去，大阪是日本的經濟中心，松下、夏普等大公司都誕生在大阪。大阪人自古以來會做生意，跟上海人有許多的相似性。為了讓公司能夠繼續下去，大阪的老闆們很喜歡招上門女婿，而且因為日本美男子最多的是九州地區，因此，九州地區的男人被選到大阪做上門女婿的特別多。但是九州地區位於日本的西南端，過去從九州到大阪路上要走上二十幾天，男人有了委屈也不能跑回家，結果就是老闆的女兒越來越強悍，老闆的上門女婿越來越溫順，從而形成了大阪人「男人必須聽女人」的社會風情。

最近日本有一部很火的電視連續劇，叫《スーパーサラリーマン》，翻譯成中文的話，可以叫「超級上班族」。

這部電視劇講述的是一個家庭的故事，公司職員左江內的太太，是一位每天必須睡足十五個小時才起床的女人，她對每天辛苦工作的老公不僅不體諒，還經常指手畫腳。雖然是一個家庭主婦，但是每天只是管一張自己的臉，晚飯等老公下班回家叫老公做，孩子上學的盒飯也叫老公早起床做。老公稍微做得不好，太太就會大聲訓斥：「你怎麼可以把這個東西放在這裡呢？」「地上還有一個垃圾你怎麼不撿起來？」

這部電視連續劇上映後，許多男人碰在一起就說一句話：「這女人太像我家的那一位了。」於是，大家把電視劇中的這一位太太，稱作「鬼嫁」，就是「惡妻」的意思。

扮演這位「鬼嫁」太太的女演員，是大家比較熟悉的日本明星小泉今日子。已經五十歲的小泉，在二十世紀八十年代，與中森明菜、松田聖子並稱為「昭和三大歌姬」。後來她演戲，演過《跳躍的大搜查線》《贖罪》《海女》《東京塔》等，一直扮演的是甜美的角色，這次是三觀盡毀，扮演了一位「惡妻」的形象。但是也正因為這個角色的扮演火爆了這部電視劇，讓日本社會開始出現了「如何做一位賢妻良母」的話題。

在一個家庭中，我們僅僅要求太太做一個賢妻良母是不夠的，男人必須做一個偉岸柔情的男子漢。對男女雙方來說，這要求都有點高，但是看來不努力還真不行。

「天婦羅之神」的匠心廚藝

我在東京有一位很要好的朋友桂小川，最近他剛買下兩棟公寓樓，我說要慶賀一番，他說那我帶你去吃天婦羅，那家店就在他買下的大樓的一層，主人是一位老大爺，一輩子做天婦羅，他的師父曾經是日本昭和天皇的御用廚師。我聽了他的介紹，特別來勁，就和他一起來到這家天婦羅店，想見識一下日本大廚的手藝。

這家天婦羅店位於東京的平河町，平河町就在日本國會附近，以前是各地諸侯在東京的安身之處，所以過去有許多的諸侯府。如今也是各地方政府駐東京辦事處和各種全國協會辦公機構最為集中的一個地方。

從我在赤阪的辦公室打車過去十幾分鐘就到了平河町。天婦羅店雖然是在公寓樓的一樓，而且不是面朝大街，但是這家壽司店十分精緻。門口種了好幾棵盆栽樹，店門口掛了一塊招牌，上面寫了兩個漢字「天真」。

桂小川是這裡的主人，也是這裡的常客，所以，老闆娘親自出來迎接。進門一看，發現這家店實在太小，除了一個小小的包房之外，就是一個吧台和一張桌子，最多只能容納十五個人。

店主人是一位很矮小的老大爺，光溜溜的頭，在燈光下閃閃發亮。我發現凡是在日本高級的壽司店和天婦羅店裡的廚師，要麼是寸頭，要麼就是光頭。問大爺為啥理了光頭，他說是為了防止自己的頭髮掉落天婦羅裡，光頭乾淨，更能贏得客人的信任。

店主人看上去是一位很敦厚的人，交換名片後，得知店主人名叫樟山真榮，今年六十六歲。大爺有著非凡的傳奇，他年輕的時候在銀座最有名的天婦羅店「天政」跟隨老闆橋井典男當學徒。這一當就當了整整十九年。他的師父，也就是老闆，是昭和天皇的御用廚師。昭和天皇想吃天婦羅時，就會派人把大爺的師父請到皇宮裡現場做。樟山先生剛開始時，是跟著師父去皇宮當下手，師父年紀大了，樟山先生作為大弟子，就接替師父去皇宮給天皇炸天婦羅。

樟山先生給我講了一個故事。有一次，皇宮裡舉行酒會，樟山先生被叫去給客人們炸天婦羅。當昭和天皇來到樟山先生的油鍋前時，樟山先生恭恭敬敬地將剛出鍋的天婦羅雙手遞給了天皇。但是，昭和天皇端了盤子後也沒吃，而是站在油鍋前不動。樟山先生覺得很奇怪，但是又不便詢問。昭和天皇一直站了一分多鐘，站在邊上的皇后才醒悟過來，原來是天皇拿了一次性筷子不會用。皇后把筷子拿過來，告訴他，這種一次性筷子需要掰開才能用。昭和天皇笑著說了一句：「喔，筷子原來是連在一起的。」

天婦羅是日式料理中的油炸食品，用麵粉、雞蛋與水和成漿，將新鮮的魚蝦和時令蔬菜裹上漿，放入油鍋炸成金黃色，然後蘸上蘿蔔泥調成的汁，鮮嫩美味，香而不膩。

據說，天婦羅的名稱來自葡萄牙語 rápido，意思是「快一點」。十六世紀，也就是在中國的明朝時期，由葡萄牙傳教士傳入日本，後來開始在日本流行開來，幕府將軍德川家康就非常喜歡吃這種天婦羅。

樟山先生端上來的天婦羅有一個很明顯的特徵，就是放天婦羅的白紙上沒有一點油跡。我問樟山先生，炸天婦羅有甚麼講究。他說有三個講究，第一是口感，第二是味道，第三是視覺。口感一定要香脆；味道一定要做到香而不膩；視覺一定要有造型感，能喚起食慾。

那如何才能做到這三點？樟山先生告訴我兩個秘密。第一，要用好油。第二，要用新鮮的食材。

樟山先生炸天婦羅的油不是從超市裡買來的，而是自己特別配製的。樟山先生不用豆油，也不用花生油，而是用棉籽油加芝麻油，棉籽油一定要日本九州地區產的，芝麻油則是指定使用三重縣四日市的一家百年老店「九鬼」的芝麻油，然後按照七比三的比例配製。他說：「不一樣的油，會產生不一樣的味道。而這種細微的味道差異，一般人是感覺不出的，但是如果遇到天婦羅專家的話，那一吃就知道。」所以，「天真」店的油只用一次，絕不重複使用。

樟山先生的另一個秘密是選食材。做天婦羅的食材主要是海鮮和新鮮蔬菜。海鮮要根據不同的季節使用不同產地的海鮮。而蔬菜，大多數是使用京都的蔬菜，因為京都的蔬菜自古以來是皇室御用蔬菜，種植得很精細，而且味道很特別。所以從全國各地採購新鮮特定的食材，導致成本上漲，但是樟山先生似乎不怎麼在意這一成本，他說：「食材的品質是天婦羅美味的根本。」

「天真」天婦羅店的菜單，是根據季節的變化隨時調整的，目的是讓客人吃上最時令的蔬菜。昨夜我在樟山先生那裡，就吃到了剛剛上市的春筍，還有幼小的鮎魚。

鮎魚是生長在清澈透明的山間溪水之中，現在剛好是鮎魚幼苗成長的時期，因此鮎魚只有一根香煙那麼長。當鮎魚端上來時，我發現這兩條鮎魚雖然經過油炸，但是依然保持了游動的姿態，擱在油漆過的木板盤子上，就是活生生的一個游動的標本。

我很好奇，樟山先生為甚麼會把鮎魚炸成如此生動的造型。他告訴我，這鮎魚被釣上來後，要馬上加冰讓它冬眠，送到店裡時，這魚是處於冬眠的狀態。整條魚下鍋後，它開始蘇醒，蘇醒後的鮎魚在油鍋裡游動，在游動中被瞬間炸熟了，因此能夠保持最優美的游動姿態。

我感覺這樣的工藝有點殘酷，但是，確實能夠保持鮎魚最鮮美的味道和最動人的姿態。這就是功夫，這功夫，也是一門藝術。

海蝦是日本天婦羅料理中必不可少的一道名菜。蝦必須要用活的，保持它的最高的鮮度。一隻蝦有兩種吃法，蝦頭取下來，單獨油炸，吃下來很脆很香。然後蝦身蘸上特製的天婦羅麵醬下鍋，油溫必須保持一百五十度，油炸的時間控制在四十秒，這樣炸出來

的天婦羅蝦，帶有一種甜甜的味道，一咬，滿口鮮嫩的感覺。

除了食材之外，佐料也是十分的講究。細鹽用的是沖繩縣宮古島出產的，叫作「雪鹽」，雪鹽是日本海鹽中的第一名品，含有豐富的礦物質。青柚子則使用日本大分縣出產的新鮮的青柚子榨汁。而蘿蔔末，則是使用北海道的蘿蔔，又脆又甜。所以，從配製天婦羅油開始到選用食材，再到選用佐料，每一道程序都體現了主人的精心和細膩。我問樟山先生：「你是不是A型血？」他笑著說：「是的。」日本A型血的人多，追求完美成了日本人工匠精神的一種天賦。

樟山先生給我上了八道菜，最後是天婦羅蝦段和天婦羅油渣拌的天婦羅飯，整個套餐的基本費用是一萬五千日元，相當於九百元人民幣，加上酒水和消費稅等，估計至少一個人也得二萬日元。

出門時，樟山先生夫婦來送我們。樟山先生十八歲高中畢業後就開始當學徒，當了十九年，自己開店又開了二十九年，前後加起來，炸天婦羅就炸了四十八年，近半個世紀。而他的夫人從開店的那一刻起，就一直陪伴丈夫經營著這家小小的天婦羅店，過著夫唱婦隨的生活。

這家店裡來過不少名人，日本皇太子妃雅子在沒有結婚前經常和爸爸媽媽一起到這裡來吃飯。不少政治家和藝人，也是這裡的常客。真所謂「店小名氣大」，酒香不怕巷子深，如果大家想去品嚐的話，得提前一個星期預約，否則會沒有座位的。

日本女人為何拋棄LV

有一隻好包，用起來舒適，拎出去有感覺，從某種意義上來說，還是一個人身份與地位的象徵。所以，不少人喜歡買名牌包來裝點自己的生活。以前有過一個報道，說日本女性的百分之九十有路易威登，也就是LV的包，但是你現在在東京的街頭去兜一圈，會發現日本女性已經不拎LV的包，那麼日本人的路易威登都去哪裡了呢？

在我們聊日本女人與路易威登包之前，先來一起了解一下這一名牌包誕生的故事。

一八三五年，路易威登的傳奇開始於一段跨越萬水千山的步行之旅。這一年，只有十四歲的路易．威登先生告別家鄉瑞士，徒步二百五十公里遠赴巴黎闖天下。他從行李箱工匠的學徒開始，一步步成為首席助理，並最終成為法國皇后的御用工匠。一八五四年，路易．威登創立自己的公司，在巴黎尊貴地段開設了首家店鋪，選址跟梵登廣場及後來興建的歌劇院僅咫尺之遙，成為巴黎奢侈品的一大象徵。

在世界名牌包當中，LV是一個特殊的存在，因為它有自己特殊的花紋和很明顯的Logo，讓人一目瞭然。

日本是在二〇〇五年前後開始出現LV的熱潮，那時候，LV成了東京街頭一道最亮麗的時尚風景，日本女性幾乎到了人人擁有的地步，跟今天的iPhone手機熱一樣。

為了這隻LV的包，日本社會曾經發生過兩件案件。一起是一位高中女生為了得到一隻LV的包，跟一位七十多歲的有錢的男人搞援助交際。這位老大爺給她買了六十七款包，然後這個女孩子就拿這個名牌包去上學，結果在同學當中就炸開了，因為大家知道她家買不起這款包。這件事情很快被學校發現，警察找上門來，然後以「性侵未成年人罪」將老大爺逮捕了。還有一個案件是一起兇殺案，一位男子談戀愛，女朋友一直渴望一個LV的包，他沒錢買，於是他就去銀座街頭的角落裡蹲點。一天深夜一點鐘，他看到一位酒吧小姐從店裡出來，拎著一隻很昂貴的LV的包，他就上去搶劫，結果這位女孩子抵抗，他就用刀把這位女孩子殺死了。這起案件當時在日本引起了很大的轟動，被稱為「路易威登殺人案」。從這兩個案件當中我們就可以看到，當時的日本社會，女性對於LV包崇拜到了何種的地步。

東京是亞洲最大的時尚中心，在銀座最繁華的街區，有一棟大樓專賣LV包。這家專賣店曾經是日本女性心中的聖地。而LV公司在日本發行了一本雜誌，專門介紹LV的新款產品，所以，東京的LV包與巴黎的LV包是同步發行的。也就是說，在東京買的LV的包都是世界最新款的。

我專門去了一趟銀座的LV專賣店，店員很客氣，覺得我看上去像是一個有錢人，還特地給我沖了咖啡。店裡的包，最便宜的都要十萬日元以上，貴的有一百多萬日元，也就是說在一萬元到十萬元人民幣之間。

日本的一位女大學生剛畢業的時候，她的工資平均是二十萬元不到，要拿出一個月的工資去買一個LV包，對於許多女生來講，是不現實的事情，所以許多人為了買一個名牌包，只能刷信用卡，每個月分期付款，以滿足自己的虛榮心。十年前，在東京的街頭，你到處可以看到日本女人背著LV包，有些人還買了LV的旅行箱去海外旅遊。LV的熱情不僅影響了日本女性，也影響了日本男人，一些公司的年輕老闆也喜歡去買一個LV的包作為自己的公文包，然後拎著去談生意。在十年前的日本社會，這是一種時尚。

那麼，日本女性為甚麼如此崇拜LV包呢？日本時尚大師福田玲奈是這樣解釋的。她說，第一個原因，在歐洲的名牌包當中，LV品牌的價格是最高的，所以，如果想買個名牌包的話，許多人的第一選擇就會選擇LV。第二個原因，是一種從眾心理，當你的朋友、同事都去買LV包的時候，你如果沒有，就會顯得與大家格格不入，同時大家也會覺得，你買不起這個包。

那為甚麼會在二〇〇五年前後，日本社會出現了這種狂買LV包的熱潮呢？福田女士說，日本的泡沫經濟是在一九九〇年後崩潰的，泡沫經濟的崩潰，給日本社會和日本人的生活與精神世界帶來了極大的衝擊，大家看不到希望。所以經過十多年的蕭條以後，日本不少女性感到一種很大的壓抑，自己的努力需要得到一種自我的肯定，於是，覺得花一筆大錢去買一個自己喜愛的名包，也是對自己辛苦的一種獎勵。

所以，日本在二〇〇五年這個節點上就出現了購買LV的熱潮。當一款新品上市的時候，在銀座的LV專賣店前一大早就排起了長長的隊伍。LV的專賣店原來在銀座的一個比較隱秘的街區，後來因為賺錢賺得太多，所以直接就搬到了銀座最繁華的十字路口的邊上，而且租下了整棟大樓作為日本的旗艦店。

但是，日本社會的這種LV的熱潮僅僅持續了大概五年。因為當一種東西成為人人擁有的氾濫品的時候，它就變得不值錢了。所以在進入二十一世紀之後，日本街頭的 LV 包突然消失了。如果你現在還拎著一個 LV 包在逛街的話，那麼很有可能會被當成鄉下人或者外國人。因為 LV 包在日本已經被打上了一種暴發戶的印記。

我在銀座的 LV 專賣店裡遇到了一對中國夫妻，他們居然叫出了我的名字，一聊，還是我的博客讀友，說前幾天來日本之前，專門去喜馬拉雅 FM 聽了我的「靜說日本」的節目。

他們告訴我，東京的 LV 包的價格要比中國 LV 包的價格便宜，大概可以便宜百分之二十到百分之三十。我沒有做過市場調查，不知道這一比較是否合理，可能因為中日兩國的奢侈品關稅和其他的稅金不一樣，東京相對便宜點。這對北京來的夫妻還告訴我他們到東京買包的一個原因，是覺得在東京專賣店裡買的 LV 的包正宗，沒有假貨。

經過這輪的浮華之後，日本女人現在都在背甚麼樣的包，這是我們比較關心的問題。我特地選了一個傍晚的時間去銀座看，因為這個時候是白領下班、銀座酒吧小姐準備上班的時間。結果我發現東京的白領們身上背的包，大多數是普通的商務人員用包，價格是在一萬至二萬日元，也就是六百元至一千元人民幣之間。這種包有一個很大的特點，就是它可以放進 A4 尺寸的紙，可以裝一些資料文件，還可以放一個中午吃的便當。

而銀座小姐們拎的是甚麼包？你一眼看不出品牌，因為沒有明顯的標誌。你能從包的款式和材質上感覺到價格不菲。也許大家已經感悟到，隱約才是一種美。過去的張揚與浮華，在日本已經漸漸消失，人們在經歷了泡沫經濟的浮華和這幾年低速生活的沉澱之後，開始尋找一種本真的生活，回歸質樸、自然的生活本質。人是活給自己看的，不是活給別人看的。

那麼日本女性在這些年買的LV包都去哪裡了呢？他們都拿到當店當掉了。日本有一個當店行業協會，不久前在東京舉行了一場規模很大的世界名牌包跳蚤市場銷售會。這個銷售會上了日本各大電視台的新聞節目，因為記者們發現來搶購這些名牌包的大多數是來自中國和東南亞國家的女性。其中有一位中國的女同胞，兩手拎了二十幾隻LV的包，一下子就付了一百多萬日元的現金。

日本二手的LV，正在流向中國。

日本女星為何愛奉子成婚

日本民眾心目中的「清純派女星」武井咲突然宣佈結婚。出道十一年，很少傳過緋聞的武井才二十三歲，而且事業正是如日中天的時候，為何突然宣佈要與一名三十二歲的歌手結婚，原因很簡單，因為她已經懷有三個月的身孕，二〇一八年春天就要升級做媽媽。

武井是日本當今最走紅的影星，每年必定主演二至三部電視連續劇，除了不久前剛剛演完的《黑色筆記本》，接下來還出演新戲，從春季演到秋季，一路工作到年底，一直沒有停歇過。武井的手上握有至少十家廠商的廣告代言，代言大多是上班族服裝、旅行社，和孕婦的形象並不搭，她代言的「花粉症鼻炎藥」還註明孕婦慎用。因此，突然宣佈要做媽媽，清純的形象自然受損，據悉有可能遭到廣告商高達十億日元（約六千萬人民幣）違約金的索賠。為何武井願意支付巨額的違約金也要奉子結婚，從中可以看出日本女性對於新生命意外降臨的一種態度。

記得二〇〇九年三月的時候，日本著名女影星宮澤理惠被發現已經懷孕六個月。這一消息讓整個日本列島震驚。經過媒體追查，終於查出孩子父親是一位不知名的貿易商。宮澤隨後表示，自己將與這名普通男子結婚，預產期是在六月份。

宮澤理惠曾是日本「玉女」的代表，由於她的父親是一名波蘭人，因此她作為一個混血兒，雖然長得很日本，卻有一種特有的「洋氣」。宮澤很小時，父母就離異了，父親回波蘭後就斷了聯繫。宮澤十一歲時成為少女模特兒，後參加電影拍攝，成為一名影星。十八歲時，宮澤拍攝了一本裸體寫真集，轟動了整個日本。短短幾個月的時間裡，銷售量突破一百二十萬冊，創下日本寫真集的最高銷售量。一九九二年，二十歲的宮澤與當時日本最有名的相撲選手貴乃花定親，這對金童玉女的定親記者招待會現場直播，再度轟動日本列島。但是，沒過多久，貴乃花家宣佈廢除婚約。據說原因是宮澤主張結婚後還希望繼續從影，而貴乃花家希望她能夠成為傳統而規矩的相撲訓練場的女當家。意見不合，宮澤的母親一氣之下就毀了這門親。

宮澤已經不是第一位奉子成婚的影星。日本另一位大明星長谷川京子突然宣佈結婚，其實也是未婚先孕。只是她當時沒有承認。直到兩個月之後，她才在自己的網頁上承認自己已經懷孕幾個月。長谷川說：「結婚發表沒有多久，也是在無意識中，我自己也感到十分的驚訝。自己在感到成為母親的喜悅的同時，也深深地感到自己的一種責任。今後，自己作為一位演員、一位妻子、一位母親，將以新的長谷川的形象出現在大家的面前，希望得到大家的支持和關愛。」

長谷川是與作曲家新藤晴一結婚的，她與宮澤一樣，也將在六月生下小寶寶。

再追溯早的話，還有竹內結子和酒井法子。竹內是日本清純派影星的代表，不僅形象美麗清純，而且守身如玉，很少鬧出甚麼緋聞。不過，二〇〇五年突然宣佈懷孕，讓眾多的影迷傷透了心。這一年，竹內在電影《現在，我去見你》中，與歌舞伎演員中村獅童演一對生死戀人，沒有想到假戲真做，兩人在拍戲期間就同床共枕，結果等電影拍完，竹內已經懷孕在身，不得不緊急宣佈結婚。五月結婚，十一月份孩子出生，雖然影迷們歎息不已，但是依然祝福她，因為她丈夫中村出身著名的梨園世家，也是一位很有前途的演員。

不過，讓不少影迷們傷感的是，兩人後來離婚了，原因是中村有了婚外情。家裡有這麼一個漂亮的老婆，中村為甚麼還要搞婚外情，一直到現在，日本男人們還不得其解。

日本厚生勞動省公佈的一份《日本人口動態統計特殊報告》顯示，在二〇〇九年內產下第一胎的女性中，每四人裡就有一人屬結婚前就懷孕的「奉子成婚」。其中十五至十九歲結婚的女性有八成是「奉子成婚」。

日本第二次生育高峰期（一九七一至一九七四年）之後出生的「七〇後」女性中，有近半數在三十歲時尚未生育，晚育傾向越發明顯，而與此相反，越是年輕的女性因懷孕而結婚的概率越高。

厚生省的報告顯示，奉子成婚的比例自開始統計的一九九五年的百分之十八開始逐漸攀升，至二〇〇六年的百分之二十六達到峰值後基本持平。二〇〇九年的「奉子成婚」女性中除十五至十九歲年齡段外，二十至二十四歲佔六成，二十五至二十九歲佔兩成，三十歲之後佔一成。

早在二〇一五年，日本媒體對二百名二十至三十歲的男性進行調查，評選出「感覺將來會奉子成婚的二〇代人氣女星前十位排行榜」，武井排名第四位，認為她做甚麼事都有一鼓作氣的幹勁，因此認為即使藝人經紀公司不同意，她也會強行結婚。不過，大家預測武井的結婚時間是在二十六歲，現在提前了三年。

武井咲所屬的經紀公司，是日本最大的奧斯卡公司，公司有禁止戀愛的條例，規定旗下藝人二十五歲前不准戀愛，武井這次二十三歲奉子成婚的事直接破壞了公司的規定，讓公司十分頭疼。不過，武井在十七歲的時候就說過，希望在二十三歲結婚，她實現了自己的諾言。看得出，這是一位很有主見的女孩子。正因為有這種強烈的個性，武井並沒有因為奉子成婚而遭到演藝界的排斥，反而受到日本社會的讚譽，認為她是一個很有愛心和責任感的女孩。

奉子成婚，對於女明星來說，是一種極度冒險的決定，像歌手安室奈美惠、影星廣末涼子，都是事業巔峰時突然懷孕，然後結婚，結果婚後人氣凋零，損失慘重。安室奈美惠最近宣佈引退。在競爭激烈的娛樂圈，女明星們為甚麼寧可

損失賴以生存的事業也要奉子成婚呢？

我辦公室的一位日本女職員告訴我，日本人認為懷孕後做流產手術，是對生命的扼殺，是一大罪孽。因此，「懷孕就結婚」成為日本人的一個基本理念，女明星們也一樣。並且，單身母親備受艱辛的故事給社會帶來了很大的陰暗面，媒體開始引導輿論，對「未婚先孕」予以了寬厚的看法，大多解釋為只是「順序搞錯」，而不是道德問題。這一引導，也使得日本醫院裡流產率大為降低，奉子成婚不再是一件令家族蒙羞的事，而是一件令全家高興的喜事。

日本女人生孩子能得到多少政府補貼

我在喜馬拉雅FM「徐靜波頻道」上曾經談到過一個問題，就是日本泡沫經濟崩潰之後二十年，它到底失去了甚麼？這個節目播出以後，引起了大家熱烈的討論。我的觀點是，日本在這二十年當中，它失去的只是GDP的高增長率，獲得的是產業結構調整和更加接地氣的經濟發展模式。正如一位聽眾朋友在留言中所說過的那樣，要讓一個人均GDP已經達到三萬八千美元的國家，繼續保持百分之五以上的增長率，是不現實的。

有一個現象很值得關注，二十世紀九十年代初，日本泡沫經濟崩潰後，日本社會進入了低速增長期，房地產價格跌了一半，個人資產大量縮水，工資收入也出現減少，但是，日本國民的滿足感並沒有大打折扣，日本社會還是長期處於一個穩定的狀態，是甚麼保證了日本國民還能安居樂業？一個很重要的因素是日本擁有完善的社會保障制度。

我在日本的東北城市青森縣訪問時，考察了青森縣地方的中小企業，了解他們的技術研發和發展經營狀況。青森縣是日本紅富士蘋果的產地。

青森縣位於日本東北地區的最北端，與北海道隔海相望。在回東京前，我去了一趟八甲田山。八甲田山是日本東北地區很著名的一座山。明治時期，日俄戰爭爆發在即，日本為了去中國的大連攻擊盤踞旅順港的俄羅斯軍隊，將一個連隊五百多人帶到大雪紛飛的八甲田山進行訓練，結果有二百人迷路凍死，釀成了日本歷史上最嚴重的集體山難事故。一九七七年，由著名影星高倉健主演，日本電影公司耗巨資完成了日本電影史上著名的史詩巨片《八甲田山》，引起海內外轟動，獲得了許多的國際獎項。

這部電影上映後，八甲田山也因此成了一個著名的旅遊勝地。我坐纜車來到了山頂，山頂海拔是一千五百八十四米。讓我感到驚訝的是，我到了山頂，居然發現有三位殘障人坐著輪椅在山頂觀光。輪椅是如何登上山頂的？自然不是人扛上來的。一個人坐著輪椅從家裡出來，要坐上能夠停放輪椅的汽車，到旅遊景點以後，有輪椅可以使用的專用的無障礙車道，然後在纜車車站有升降式電梯可以讓他們來到纜車的搭乘平台，同時到了山頂以後，又有升降式電梯可以讓他們順利地走出車站來到山頂觀光台，這件事看起來有些簡單，但是要做到卻很難，因為它不是一個簡單的設施問題，而是整個社會保障為殘障者如何提供系統服務的問題，讓殘障人能夠像正常人一樣出行，體現了一個社會文明的力量。

社會保障制度，一般可以理解為兩個方面，一個是醫療保障制度，另一個是退休養老制度。日本的醫療保障制度已經完全實現了全國統一化，城市居民和山區農民的標準是一樣的，政府官員與一般國民的標準也是一樣的，沒有人能夠搞特殊化。日本前首相村山富市因為患了白內障需要去醫院做手術，醫生告訴他，如果你想做完手術後遠近都看得清楚，需要安裝特殊的晶片，但是手術費就要增加幾十萬日元。村山老先生說，我這麼大年紀了，已經無所謂，手術不需要做得這麼精細。村山前首相為甚麼不願意安裝特殊晶片呢？原因很簡單，雖然他貴為日本前首相，但是他的醫療保險同普通的日本國民一樣，只能報銷百分之三十，而不是百分之百的全包，而且安裝晶片多出來的幾十萬日元，不能列入醫保範圍，必須自己掏腰包。

我在青森縣認識一位朋友海燕，她大學畢業後嫁給了青森縣當地的一位日本人，二〇一六年，她的丈夫突發心肌梗死，被送到醫院以後搶救了過來，並安裝了一個心臟起搏器，整個搶救醫療、住院和安裝心臟起搏器的費用是一百四十四萬日元，相當於九萬元人民幣。由於他加入了國民醫療保險，再加上他屬於大病，因此最終個人承擔的醫療費只有五萬九千日元，大概是三千六百元人民幣。不僅如此，因為他安裝了心臟起搏器，所以，日本政府按照相關的法律規定，認定他是一級殘廢。其實安裝一個心臟起搏器對於他的生活並沒有多大的影響，但是因為他有了一級殘廢的證書，所以可以享受許多特殊待遇，比如他們家有一輛汽車可以作為殘疾人的專用汽車，享受三年免稅免費的待遇；同時汽車上高速公路，高速過路費可以減免一半。在超市也好，市政府等公共機構的停車場也好，可以享用殘疾人專用停車位。坐公交大巴，享受免費待遇。去醫院看病，醫療費本人承擔的部分由原來的百分之三十降到百分之十。孩子在上學和家庭繳納人頭稅等方面，都享受一定的減免優惠。所以，一旦你被認定是殘疾人，那麼整個社會的服務系統，都將為你開放綠燈。

醫療保障如此，日本的退休養老金也實現了全國統一的待遇標準。日本養老保險制度由國民養老保險和厚生養老年金構成。國民養老保險又稱為基礎養老保險，凡二十歲以上、六十五歲以下的公民必須參加入保。厚生養老年金是在國民養老保險的基礎上設定的一種附加年金，投保對象限定為工薪階層，強制性要求加入厚生養老年金，保費由政府、企業、個人共同負擔。無論是你是公司白領、政府官員還是山區農民，待遇都一樣。國民養老金待遇佔老人家庭收入的百分之六十四，這一制度成為人們老年時生活的主要保障，一直發揮著非常重要的作用。

當然，如果你實在感覺到生活困難的話，你還可以向政府申請低保，日本政府規定的國民最低生活保障標準是十四萬日元（約八千八百元人民幣），你的收入不足十四萬日元的話，可以向政府申請領取不足的部分。如果你完全沒有收入的話，則可以向政府申請領取十四萬日元全額的低保補助。

為了養活整個日本社會，讓每一個日本國民都能享受到國家完善的社會保障制度，日本政府承擔了很大的財政負擔。以二〇一六年為例，日本的國家預算為九十五萬億日元，但是，用於整個社會保障的支出，卻高達三十二萬億日元，也就是說，日本國家預算的三分之一是用於國民的醫療和養老等社會保障支出的。所以，有人說，日本是一個民主社會主義國家，或許也有道理。

日本社會目前面臨的最頭疼的問題就是少子化和老齡化問題。雖然這個問題在許多國家都已經出現，包括我們中國，但是，少子化、老齡化問題在日本已經成為阻礙社會發展的一個很關鍵的問題。首先是日本的出生率越來越低，日本育齡女性的生育率現在已經降到了一點四，也就是說一個育齡女性一生只生一點四個孩子，而過去，日本育齡女性的生育率是二點九。

日本政府為了鼓勵更多的女性生孩子，制定了許多的補助政策，比如女人每生一個孩子，政府補貼她四十二萬日元（約二萬五千元人民幣）出產費。也就是說生孩子個人不需要承擔費用，全部由政府來負擔，如果不是難產動大手術的話，一般來說，還可以賺二十萬日元。

那麼孩子生下來以後，日本政府又有哪些補助政策呢？

政府每月還會支付從出生到十五歲的孩子一筆生活補貼費：

零至三歲：每人每月一萬五千日元（約九百四十元人民幣）。

三歲至小學畢業：第一胎一萬日元，第二胎一萬日元，第三胎（或以上）一萬五千日元。

小學畢業至十五歲初中畢業：每月一萬日元。

在孩子成長到六歲之前，醫療費用的其中一部分也都由地方政府承擔。對於單親家庭的兒童也有特別補助，在孩子十八歲之前，第一胎每月補貼四萬二千三百三十日元（約二千七百元人民幣），第二胎每月補貼五萬二千三百三十日元，第三胎每月補貼五萬八千三百三十日元（約三千六百五十元人民幣），三胎以上多一胎每月增加六千日元。可以說，無須擔心經濟問題。

殘疾兒童還有特別的扶養津貼，普通的殘疾兒童每個月可以領到三萬三千八百日元，重度殘疾的兒童每月可以領到五萬零七百五十日元。

總的來說，生活在日本的兒童完全不用擔心沒錢讀書或者沒錢看病。

即使如此，日本女性依然不願意多生孩子，甚至結婚後不願意生孩子，還有許多女性不願意結婚，只喜歡享受自己的生活。日本把這種社會問題稱為「現代病」，現代社會生活讓日本女性有了更多享受生活的領域，而且生活的注意力也更加分散，越來越多的人遠離傳統的家庭生活。面對這種趨勢，即使日本政府採取更多的補貼政策，看來也難以扭轉出生率日益低下的問題。

在出生率低下的同時，日本人卻越來越長壽，日本已經連續二十年保持了世界最長壽國家的榮譽。女性的平均壽命為八十六點八三歲，男性為八十點五歲，超過中國人平均十歲。長壽雖然是好事，但是對於政府來說社會保障負擔卻越來越重。而出生率低，意味著繳納社會保障經費的人越來越少，領取社會保障經費的人越來越多。社保基金出現嚴重虧損，已經成為日本國家財政支出的一個大窟窿。

為了填補社保基金的空缺，日本政府採取了提高消費稅的辦法，在二〇一四年已經將消費稅從百分之五提高到百分之八，並計劃在二〇一八年提高到百分之十，以增稅的收入來補充社保基金。但是消費稅的提高使得日本國民的消費慾望大為降低，市場消費出現了低迷。而市場的低迷拖累了日本國內的經濟，所以，日本社會目前出現了一個惡性循環的問題。

日本政府一方面將社保基金進行有效的投資運作，比如購買國債等比較靠譜的投資，另一方面也不得不推遲養老金的領取年齡。目前，日本人退休之後，還可以從六十二歲開始領取養老金。但是預計到二〇三〇年，領取養老金的開始年齡應該是在六十八歲，甚至有可能是七十歲。雖然日本人退休時有一筆企業給予的退休金。但是如果真的從七十歲開始才能領取養老金，那麼，六十歲退休之後十年間，不去打工，還真的難以好好生活。

日本社會目前面臨的問題，今後也將會成為中國社會必然遭遇的問題。所以，在如何應對少子化、老齡化問題上，中日兩國之間有許多可以合作和相互學習的空間。

甚麼東西最能體現日本男人的臉面

在日本，甚麼東西最能體現一個男人的品位？是西裝，名牌夾克，還是手錶？其實都不是，說出來，大家可能不相信，是皮鞋。

一雙皮鞋為何能體現男人的品位？這與日本人的社會環境與生活習慣有很大的關係。

我的一位朋友去美國旅遊，回國時在東京逗留幾天來看我。我請他喝日本清酒，吃生魚片。一圈兜下來，聊起中美日三個國家的差異，他作了這麼個總結，說「在中國是忙於查包，去美國是忙於解皮帶，到日本是忙於脫鞋」。

聽他一說，我還真覺得有道理。去美國，到哪兒都有安檢，男女不管，有皮帶都必須解下來。

而在日本，除了機場，沒有地方再搞安檢，只是到了許多地方，都要求脫鞋。

日本人的傳統是使用榻榻米，因此日本人長期以來就形成了一個習慣，無論是進家門、進辦公室，還是去溫泉旅館、進高級料理店，大多要脫鞋。

正因為要到處脫鞋，鞋子的重要性就凸顯出來。

當你去朋友家做客，你進門之後的第一個動作是脫下鞋子。對於這個動作，大家不會感到稀奇，因為我們中國人去別人家做客，也是要脫鞋子的。問題是，女主人接下來有一個動作，中國人很少做到，那就是，你脫下鞋子後，女主人一定會走過來，把你的鞋子掉個頭，鞋頭朝門外整齊地放好，為了你離開時穿鞋方便。

女主人的這個動作，看似簡單，其實內含深刻意義。女主人從你的鞋子品牌、乾淨度、皮鞋的亮度、有沒有臭味等幾個方面可以立刻判斷出你的品位、生活態度和性格特徵，甚至可以知道你有沒有結婚，若結了婚，也可以看出你的夫人是不是一位勤勞持家的女人。為甚麼這麼說？因為單身男人一般不會天天擦皮鞋。如果天天擦的人，一定是一個做事很認真的人。如果一個男人已經結了婚，皮鞋依然是髒兮兮的話，只能說明這戶人家的主婦是個比較懶惰的女人。如果你的皮鞋是漂亮的名牌皮鞋，那說明你是一位有錢人。

也就是說，雖然你是第一次去朋友家做客，但是，女主人從你的皮鞋上就已經把你的情況摸透了一半。

聽我這麼一說，大家一定能夠感到皮鞋的重要性。

不僅是去朋友家做客，如果去高級的料理店吃飯，服務員和老闆娘也照樣可以掂量你。

我辦公室所在的赤阪地區，因為鄰近日本國會和首相官邸，因此有不少高級的日本料理店，專門用於接待政治家們聚餐。其中有一家店已經開了七十多年，老闆娘已經是第三代。前幾天我接待客人去了那家店，與老闆娘聊天時，她告訴我，小泉純一郎當首相時，三天兩頭來店裡吃飯，他的皮鞋永遠是臭烘烘的。小泉為甚麼會這樣

呢？因為他是單身漢，身邊沒有女人照顧他的生活，他自己也很少有時間打理皮鞋。因此每次小泉來吃飯，脫下皮鞋後，店裡的服務員總是在第一時間把他的皮鞋拿到辦公室擦亮。每次離開店裡的時候，小泉都會向服務員表示感謝，說為了皮鞋，也得天天來店裡吃飯。

正因為日本社會如此在乎男人的皮鞋，所以當日本人一早起來想到今天要去朋友家做客，或者晚上要和客人一起去高級料理店吃飯，他要做的第一件事就是把皮鞋擦亮，同時往皮鞋裡噴消臭劑，以免自己的腳臭影響大家的情緒，損害自己的體面。

所以，日本男人一般有五六雙皮鞋，有的多達十幾雙。皮鞋是配西裝的，不同顏色的西裝要配不同顏色的皮鞋，不能一雙皮鞋穿到底，最合理的穿法是一天換一雙皮鞋，讓穿過的皮鞋可以透透氣，消除濕氣，防止細菌滋生，消除臭味。

日本人長壽的秘密

根據世界衛生組織二〇一六年公佈的最新數據，日本人的平均壽命高達八十三點七歲，已經連續二十年保持全球第一，其中女性的平均壽命為八十六點八歲，男性為八十點五歲，雙雙刷新歷史紀錄。相比較，我們中國人的平均壽命是七十四點八歲，其中男性七十二點三歲，女性七十七點三歲。這就意味著日本人的平均壽命比我們中國人長了近十歲。日本人比我們中國人長壽，原因是甚麼呢？

一個國家的國民之所以長壽，並不僅僅依靠基因，因為日本人的基因和我們中國人的基因基本相同。更多是取決於他的飲食習慣、生活的富裕程度，還有完備的社會保障機制以及良好的自然環境。

我覺得日本的飲食結構是日本人健康長壽的關鍵。日本人的飲食有這麼幾個基本的原則：第一是少量多樣，講究七分飽；第二是蔬菜、海鮮、肉類均衡搭配；第三，味道清淡，少油、少鹽。

日本是一個島國，四面環海，所以日本人的食物多是海產品。海鮮是日本普通家庭的家常菜。作為一個人口只佔世界人口百分之二的國家，日本消耗了全世界百分之十的魚產量。魚中的 DHA 可以改善記憶力和認知功能，EPA 則能降低血液裡的中性脂肪和壞膽固醇，防止動脈硬化。還有，日本人喜歡吃海帶，海帶被日本人認為是長生不老的妙藥，能預防肥胖、心血管硬化、高血壓、心臟病等。所以，日本人認為，多吃海產品，有利於健康。

除了海產品之外，含有豐富植物蛋白質的豆製品，也是日本人餐桌上必不可少的。你走進超市，可以發現日本的豆腐品種多達十幾種，還有十幾種納豆。納豆是一種發酵過的黃豆，雖然吃起來有一種特別的味道，但是因為納豆中含有豐富的酶，可以排除體內部分膽固醇、清洗血液，使異常血壓恢復正常。還有味增湯，也屬於豆製品的一類。

還有就是蔬菜。日本人的蔬菜，大多喜歡生吃，也就是把各種蔬菜做成沙律生吃。比如蘿蔔、番茄、黃瓜、生菜、捲心菜、菠菜、洋蔥等，基本上是屬於生吃的蔬菜。正因為日本飲食文化中喜歡吃原汁原味的新鮮蔬菜，因此，日本的沙律醬也是十分豐富，各種材料調製的沙律醬多達二十多種，可以根據你自己的嗜好和心情選擇不同的沙律醬。當然，一個關鍵的因素，是日本的蔬菜安全，少用農藥。

以上三類食物，是日本人每天必吃的東西，也是構成日本飲食的基礎。至於像豬肉、牛肉、雞肉，雖然也是日常食品，但是，並非是每餐必須的佳餚。

所以，我們去日本旅遊的時候，吃日本的套餐，你會發現，主菜、配菜、水果、甜品一應俱全，而且盛食物的器皿都很小，每個器皿裡面盛放食物的量也很少，既不會吃得過頭，又營養全面均衡，保持一個基本吃飽吃好的水準。因為適當的飢餓感能調節人體的生長機能，並刺激人的長壽基因。

日本人長壽的另外一個很重要的原因是完善的社會保障機制，包括先進的醫療和全民體檢以及養老保障、老人護理等機制。

日本的社會保險制度，包括三大部分。除了基本的國民健康保險和勞災保險之外，還有一個老年人保險制度。國民健康保險簡單來說相當於中國的醫療保險，而勞災保險就是我們通常所說的工作單位給交的保險。這兩個保險基本上已經能涵蓋全民。而老年人醫療保險制度的主要受益對象為七十歲以上的老年人以及六十五歲以上七十歲以下的殘疾人士。

也就是說，在日本，幾乎百分之百的人參加了保險，包括在日本留學、工作、生活的外國人。只要持有醫療保險證，在日本任何地方的醫療機構都可以隨時接受治療，這大大地保證了日本人在生病或是受傷的情況下，可以比較方便而且不用考慮醫療費用問題及時接受治療。日本國民醫療費總額中公費負擔的比例高達百分之八十，從世界範圍來看，僅有丹麥、瑞典等北歐福利國家以及英國等國能達到這個水準。

日本一點二六億人口，但人均擁有的病床數量卻高居世界第一。不同於中國，日本病人入住普通病房不需要繳納住院費。護士負責護理的同時還會陪同、照看病人，一日三餐都有護士專門送到病人床前，住院沒有家人陪護也一點兒沒問題。

對於常年臥床的病人和生活不能自理的老年人，日本政府還提供特別的護理保險，由專門的護理公司每週一次或兩次上門為病人和老年人洗澡擦身、打掃衛生、做飯聊天。

日本長野縣地處日本山區，遠離海岸，缺少平原，歷史上長野縣曾經是日本最窮的地區，電影《野麥嶺》曾經把當地的少男少女翻山越嶺外出打工養家糊口的故事表現得淋漓盡致。如今，長野縣的男女平均壽命都是日本第一，男性為八十點八八歲，女性達到八十七點一八歲。為甚麼能夠實現長壽健康？醫療保障是一個很重要的因素。

日本的全民醫療保險制度開始於二十世紀七十年代。伴隨而生的是人人體檢。那麼，居住在這種山區，居住又十分分散，是如何做到人人體檢的呢？《中國經濟報》駐日本記者蘇海河先生曾經採訪長野縣佐久綜合醫院，據這所醫院的名譽院長夏川周介先生介紹，最初，醫療隊是坐著牛車走鄉串村給村民們體檢。二十世紀八十年代雖然有了體檢車，但醫療設備仍相對簡單。如今，醫院專門建有體檢科室，設備齊全的醫療隊每年巡迴出檢三百次以上，醫院所在的佐久地區有八萬多民眾，都能保證每年體檢一次。同時，醫療隊帶去了醫療健康知識。針對當地體檢中發現的高血壓、心腦血管疾病多發的問題，該醫院設立了農村醫學研究所和農村保健研修中心，從預防入手，將改變當地民眾的飲食習慣與生活習慣相結合，有針對性地研究、普及健康生活知識，提高民眾的健康意識。

日本的醫療水平一直處於世界前列。二〇一五年日本在世界衛生組織全球醫療水平評比中排名第一。先進的醫療技術為疑難病症的治療提供了保障。據日本國立癌症研究中心公佈的數據，日本所有經過治療的癌症患者五年生存率平均達到百分之六十四，東京更是高達百分之七十四。

這說明大部分癌症患者經科學治療可以延長壽命。

我最近幫一位患腦部膠質瘤的國內友人到日本看病，日本醫生檢查後發現，在中國國內的一家三甲醫院裡動的手術，膠質瘤只切除了百分之四十，而在日本，一般可以切除百分之八十以上。

除了日本人良好的飲食結構與飲食習慣以及完善的社會保險與醫療體系之外，均富的生活，良好的自然環境，也是日本人健康長壽的一大秘密。

二〇一六年，日本人均 GDP 達到了三萬四千二百八十五美元，而我們中國是八千五百一十六美元。日本在過去幾十年的高速經濟發展時期，實現了兩大目標：第一是基本消除了城鄉差別和貧富差距，實現了全社會的平均富裕，使日本成為了一個中產社會；第二是建立了全民統一、城鄉一體的國民社會保障體系，也就是說，山溝溝裡的農民與東京這樣大都市裡的城市居民和退休官員一樣，享受同樣的醫療保險、養老保險和護理保險。

正因為生活富裕，日本人很重視健康和生活質量，比如能有效減少肛腸類疾病的電動沖洗馬桶蓋，基本上已經實現了家家戶戶都有，包括農村家庭。各種各樣的健康食品、醫療輔助食品應有盡有，在任何的藥妝店裡都可以買到。

日本人喜歡入浴，每天都要洗澡，保持身體清潔，這樣也極大地預防了感染疾病。日本從北到南有七點五萬家溫泉旅館。每年日本約有一點一億人次使用溫泉，相當於日本的總人口數。從古代開始，日本人就喜歡溫泉療養。溫泉中含有豐富的礦物質，不僅對多種疾病有治療作用，而且有保健、美容、護膚等功效。

日本是一個島國，四季分明，環境優美。春天看櫻花，夏天泡海水，秋天看楓葉，冬天賞雪景。一年四季自然環境的賞心悅目，加上空氣乾淨，污染少，講究食品安全，這些都保證了日本人擁有一個良好的生存環境。

日本人退休以後都在幹甚麼？沒有人去打麻將，甚至很少有人回家看孫子，大多數人是去參加勞動。日本厚生勞動省實施的一項調查稱，有百分之六十八的人在退休之後重新參加勞動。這種勞動包括從事新的工作和回老家參加農業勞動。

我們在日本的各個工作角色都可以看到日本老年人的身影。開出租車的大部分是老年人，日本老年人開出租車可以開到七十五歲，私人出租車更可以開到八十歲；餐廳裡端盤子的有許多老媽媽；打掃的基本上是老年人；還有公寓樓、辦公樓的管理員，公司的保安，也都是以老年人為主；甚至我們走進銀行營業大廳，那些為顧客跑前跑後的大堂經理們，基本上是退了休之後返聘的老員工；超市裡一半的收銀員，都是老媽媽。

日本老年人勞動慾望確實很高，而且社會參與意識很強，「勞動光榮」是日本社會的一種美德。日本內閣府的另外一項調查也顯示，有百分之八十九的人選擇六十五歲退休，百分之三十七選擇七十歲退休。這麼高的勞動意識，說明了一點，日本人的那種「活到老，幹到老」的意識已經深入人心。所以我們就不奇怪，九十歲的老人還每天自己開車去拉麵店或者壽司店裡去上班。許多人根本不是為了錢，而是為了自己的健康，不是每天待在家裡等待最後一天的到來，而是積極地接觸社會，參與社會，通過勞動鍛煉自己的身體，防止老年癡呆的發生，保持健康的身心，尋求最大可能的長壽。

日本人的這些長壽秘密，我想能夠給大家帶來許多的啟發。健康長壽並不是靠吃補藥可以補出來的，它需要結合良好的飲食習慣、健全的醫療與社會保障體系，還有良好的生活意識、勞動意識、環境意識，這幾項要素的綜合，才能造就一個健康長壽的社會環境。

日本人為甚麼不喜歡分家產

二〇一七年五月，我在日本大分縣九重高原採訪，九重高原海拔二千多米，四周青山連綿，溫泉甚多。正是滿山遍野杜鵑花盛開的季節，遠遠望去，一座座山就是一個個粉紅的世界。我特別喜歡九重高原，這次來這裡採訪，就是想看看這杜鵑山。

陪同我的是當地一位很有名的企業家高橋裕次郎。高橋先生在當地經營著九州地區最大的一家滑雪場，同時也是整個九重高原自然保護會的會長。高橋先生在二〇一六年參加過町長的競選，他覺得，對於保護家鄉山水，自己有一份責任。

晚上跟高橋先生一起喝酒，我們聊到一個話題，那就是日本的地方城市尤其是農村，為何還保留著兄弟姐妹不分家產，全由大哥繼承的習俗？

日本的法律明確規定，父母的遺產由子女共同繼承。也就是說，不管你是否已經出嫁，還是在國外生活，父母的財產，每一位子女都擁有繼承權，都可以平均分配獲得。

高橋先生卻說，這一法律在大城市裡也許有效，但是在日本的地方城市尤其是在農村，基本上無法實現。

那麼，日本的農村是如何處理父母的財產呢？高橋先生首先跟我講了一個道理。日本土地實行的是私有制，受到憲法和法律的絕對保護，沒有人敢侵犯土地的私有權，包括政府。因此，對於一個家族來說，如何傳承自己祖傳的土地和財產是頭等的大事。也就是說，保護和傳承這些土地和家業的歷史重任，要遠遠超過土地本身的價值。

因此，當父母年老或者過世後，作為子女，首先要考慮的不是我可以分得多少財產，而是委託誰來繼承家業，傳承這一片代代相傳的土地的問題。

高橋先生陪我在九重高原走的時候，我問他一個問題：「你們家的土地有多少？」他「嗯」了好長時間說不出一個數字，最後指著對面的山告訴我：「從那個大岩石開始到這片杜鵑花山坡，都是我們家的。」我估算了一下，那片山估計有六平方公里。我說你可是大地主啊！他笑了笑，說：「都是祖上傳下來的土地，其實要維護它，挺花精力。」

高橋有三個兄弟姐妹，他的上面有一個哥哥和一個姐姐，下面有一個妹妹。他排行老三。當初父母年邁無力再種地的時候，家裡開了一個家族會議，把家裡的所有財產攤開來，總共有大半座山，還有六萬平方米大約是九十畝的稻田。

這個家族會議的結果是四個兄弟姐妹中包括高橋在內的三個都表示願意放棄財產的繼承權，把所有的財產都交給哥哥，由哥哥一人繼承。但是哥哥和嫂子必須承擔照顧父母和爺爺奶奶的責任。

高橋說，日本自古以來在繼承家業的問題上大多采取這種辦法，就是長兄承擔繼承家業和守護家業的責任。一旦長兄繼承了家業，那麼他就成了家族中的「本家」，而其他的兄弟則成為「分家」，這個「分家」是「分支」的意思。以後的家業也由本家的子孫代代相傳，除非本家以後出現沒有子孫的情況，才可以與「分家」們進行商量，由「分家」(也就是弟弟妹妹們)這一家系的人推舉出新的繼承人來繼承家業。

所以，日本的許多家業為何能夠傳承幾百年甚至上千年，這種特殊的家業與財產的傳承文化起到了極為關鍵的作用。

那麼，如果把祖傳的土地財產瓜分了，會出現怎樣的結果？高橋先生給我說了一個例子。比如像他們家，四個兄弟姐妹把父母的土地按照四分之一的比例平均瓜分之後，每個人確實可以得到一筆財產，但是像他本人忙於經營企業不可能會去種地，這樣一來的話，就會考慮把土地賣掉換取現金。如果四個兄弟姐妹都這麼想的話，祖傳的家業在一瞬間就會消失殆盡。雖然大家都得到了現錢，獲得了利益，但是祖祖輩輩流傳下來的家業和財產全部葬送在他們這代子孫手中，他們將成為家族的罪人。因此，把所有的家業交給一個人打理，是最好的辦法。這種財產的分配方法，與法律無關，與家族的傳承有關。

高橋的哥哥和嫂子，加上侄子夫婦，一家四口就每天默默地忙乎在這九十畝稻田上。二〇一六年，因為修建高速公路服務區，高橋家的稻田被徵用了一部分，獲得了政府二億日元的補償金，二億日元相當於一千二百萬元人民幣。他的哥哥提出來這筆賠償金是變賣了祖傳的土地，要不兄弟姐妹四個人平分，一人可以分得大約三百萬元人民幣的錢款。高橋和姐姐妹妹商量後，認為把祖傳的土地賣了，然後分錢，這就意味著祖傳的土地面積已經大大縮水。維護家族原有的財產，比甚麼都重要。因此四個兄弟姐妹又湊在一起開了一個家族會議，最後決定用這二億日元的賠償金去購買新的土地，一分錢都不分。

為甚麼高橋一家把土地看得這麼重？高橋先生給我做了這樣的解釋。

他說，「家」是一個甚麼概念？在日本人心中，那是一代一代人的精神家園。因為兄長繼承了家業、繼承了祖祖輩輩傳下來的土地，你不管走到哪裡，無論天涯海角，心中永遠有一個「家」的歸宿。因為祖傳的土地在，祖傳的房子在，祖傳的果樹依然在開花結果，自己兒時的記憶都留在這個家裡。

尤其是到了八月份掃墓的時節或者到了過新年的時候，子孫們都會從四面八方回到故鄉，回到自己的老家，回到兄長嫂子的身邊，在老房子裡歡聚一堂，喝酒敘舊。

高橋說，最開心的是可以在老房子裡睡在自己以前的房間裡，尋找兒時刻在家裡柱子上的身高的劃痕，然後一起去家族墓地給父母親和祖宗燒香祭奠。兄弟姐妹又像回到童年時候那種純真時代。

因為有家，有兄長繼承家業，因此兄弟姐妹很少會因為父母的遺產問題而鬧出意見。相反的，大家會感恩兄長，感恩他辛勞操持家業。而對於弟妹們來說，不管是生活在東京還是在當地，最開心的事是哥哥會不斷地把自己家的土地上種出來的蔬菜、稻米委託送貨公司送到弟弟妹妹的家裡，讓大家品嚐自己家的果實。

日文中，有一個漢字，叫「絆」，日語中念作「きずな」，翻譯成現代中文的話，可以翻譯成「情結」或者「紐帶」。日本人常常喜歡說：家裡遇到甚麼事，全家人都齊心協力一起頂過去，是因為有「家族的絆」，也就是說，是家族的這一特殊的血緣關係維繫著的特殊的情結讓大家團結一心。

日本這個社會有個奇怪的現象，那就是無論是學校還是媒體，都不提「愛國主義教育」。問及原因，高橋的回答很簡單，而且不帶任何政治色彩。他說，日本人很喜歡用「國家」的「國」來問別人你的家鄉在哪裡，「你的國在哪裡？」

這一問法看起來很奇怪，但是日本人都很習慣，因為日本以前都是由一個個眾多的諸侯國組成的。所以，對於許多的日本人來說，愛國首先就是一個愛家鄉的概念。而家鄉之所以成為「家鄉」，是因為在那裡，你的家人還在、你的家還在、祖祖輩輩留下來的東西還在，不管人在何處，根依然留在那裡，你的心裡，永遠有這麼一個歸宿。

我覺得，高橋先生說得很有道理，如果我們的家都沒有了，那還有甚麼家鄉的概念呢？所以，日本人的這種傳承家業不瓜分祖傳遺產的做法，是一種維繫家族興旺、讓家族代代相傳的最好的做法。而這種做法，不僅維護了家族的穩定，同時也維護了社會的穩定，最終也維護了國家的穩定。

高橋先生已經六十歲出頭，每天除了打理滑雪場的事情之外，大多數的時候是開著一輛車巡視九重高原的各個角落，沒有人給他發工資，就因為他是當地的自然保護會的會長。他不僅要保護好自己家鄉的美好環境，更想把青山綠水留給子孫後代。

日本人到底如何扔垃圾

二十多年前我剛到日本留學的時候，住在學校的寮裡，那是一個很有歷史的木板樓，隔壁室友打呼嚕，全寮的人都可以聽到現場直播。

管理這個寮的是一位七十多歲的日本老太太，每天早上的一件事，就是通知各個房間扔垃圾。我們當初不知道垃圾要分類，於是把所有的東西都扔在一個塑膠袋裡交給老太太，老太太馬上說：「だめだめ」，這是我剛到日本時聽到的最多的一句話，意思是說「不行不行」。為啥だめ？老太太打開垃圾袋，把所有寮裡的人叫到一起開了一個會，告訴我們：易拉罐是資源類垃圾，必須單獨放；礦泉水瓶的商標紙必須扯下來，因為那是不可燃垃圾；瓶蓋是有色塑膠，必須擰下來單獨放；白色透明的塑膠瓶才是資源類垃圾。老太太還拿出一個同學扔的中華牌香煙的煙盒，說這個煙盒不能一起扔，外面的塑膠紙必須扯下來與塑膠袋放在一起，那個紙盒是可燃垃圾，裡面的鋁箔是金屬，必須單獨拿出來。

老太太說了一大堆話，我們根本就沒聽懂，但是第一次知道日本的垃圾是要分類的，而且要分得很細。資源類垃圾可以回收利用，而非資源類垃圾要專門焚燒處理。可燃垃圾是週三、週六來收，不可燃垃圾是週一、週四來收。

還有大件垃圾，像電視機、音箱、微波爐、傢具、梳化、單車等要扔掉，必須打電話給市政府的垃圾管理科，約定回收的時間，同時還得去二十四小時便利店購買大件垃圾處理券，貼到大件垃圾上。二十世紀九十年代初，中國還很窮，買得起電視機的家庭還不多，還很少有人見過微波爐，所以看到日本人把這些家電都扔了，我感到十分驚訝與可惜的同時，萌生了撿回來的念頭。因此，每當一個星期中扔大件垃圾的時候，我們同學就一大早結伴巡遊各個街道，把自己需要的電視機、電冰箱、微波爐撿回來，很快把自己的宿舍全副武裝起來。我在日本的第一套音響，還是索尼的分體音響，就是在那個時候撿回來的，用了好幾年，天天聽松田聖子和鄧麗君的歌曲解愁。

半年後，從學校的寮裡搬出來自己借房子住，房屋中介公司的工作人員把房門鑰匙交給我時對我說：「一定要仔細閱讀一下垃圾分類冊子，你是這棟樓裡唯一的中國人，希望你能協助大家一起扔好垃圾。」在確認我聽懂他的話並且能夠保證執行的時候，他才放心地把房門鑰匙交給我，還深深鞠了一躬：「那就拜託你了。」

我記得那本垃圾分類手冊足足有三十頁之多，一共有五百一十八條，我實在是記不住，最後一頁頁扯下來貼在冰箱上，拿出當年記英語單詞的勁頭，但是經常會有大樓管理人來敲門：「徐君，這袋垃圾是你扔的嗎？」好長一段時間，我都不敢跟管理人打招呼。

日本的垃圾分成七類：

第一類是可燃垃圾：像廚房垃圾、橡膠製品、衣服、紙製品、革製品、錄像帶、雜草等。

第二類是不可燃垃圾：像餐具、廚具、玻璃製品、乾電池、燈泡、小型家電、一次性打火機等。

第三類是資源垃圾：如易拉罐、塑膠瓶和書刊報紙。

第四類是粗大垃圾：像單車、桌椅、梳化、微波爐、烤箱、高爾夫球球桿等。

第五類是不可回收垃圾：像農具、滅火器、磚瓦、水泥、電單車、廢輪胎等。

第六類是四種家電：電視機、洗衣機、空調、冰箱。

第七類是臨時性大量垃圾：搬家或大掃除、修剪庭院時的垃圾。

七大類中，每類還有細分小類。比如可燃垃圾中，紙製品中的餐巾紙之類屬於不可再生紙類，但是，面積大於明信片的紙張不屬於此類，被歸為「資源垃圾」，需要回收。那麼扔垃圾之前，不僅要仔細分類，而且要仔細清洗。比如醬油瓶、油瓶、飲料瓶、啤酒罐，等等，必須清洗乾淨才可以捨棄。電池、燈管這些東西要帶到超市或者便利店的回收店裡統一回收。如果你家裡面的狗和貓死了要處理，必須聯繫環境局。

記得手冊背後還附贈一份彩虹年曆，每種顏色代表哪一天可以扔哪種垃圾。規定得十分詳細，有時候會出現星期一吃的魚，骨頭要等到星期四才能扔。好在現在一些公寓樓裡一般都設有垃圾堆放間，可以隨時把垃圾送到堆放間，按照分類要求放在指定的位置，然後管理人員再來幫你仔細整理。

我們經常看到日本人家裡的陽台上除了晾衣服之外，晾衣架上還常常掛著不少四四方方的紙片，原來這就是正在晾乾的牛奶盒或者是飲料紙盒，以便整理後作為資源垃圾處理。許多剛到日本的留學生嫌麻煩，常常抱著僥倖的心理去扔垃圾，卻不知道周邊有許多鄰居是垃圾監察員，他們的職責任務就是檢查分類不合格的垃圾袋，然後把垃圾袋送到你的家門口，告訴你必須分類。你也許可以裝著不懂日語，但是市政府的扔垃圾手冊，除了日文，還有中文、英文和韓文，你就糊弄不過去了。日本很少有職業歧視，但是不遵循公共衛生道德就會遭到別人的白眼。

日本人為甚麼會如此嚴格地實行垃圾分類呢？一方面，日本是一個島國，他們很擔心傳染病的發生，因為傳染病一旦發生，人就沒有地方躲。因此，日本從明治時代開始就對垃圾進行管理，以杜絕傳染病發生源。另一方面，日本是一個島國，資源比較緊張，所以很注重廢棄物的再生利用。

為了防止亂扔垃圾破壞環境，日本還制定了許多與扔垃圾有關的法律條文，處罰之嚴也堪稱世界之最。和垃圾分類相關的法律法規有《廢棄物處理法》《關於包裝容器分類回收與促進再商品化的法律》《家電回收法》《食品回收法》等。

在馬路邊亂扔垃圾如果被「抓現行」，會被處以十萬日元罰款（約六千三百元人民幣）；在垃圾收集區亂扔垃圾，則根據《廢棄物處理法》第二十五條十四款規定：胡亂丟棄廢棄物者將被處以五年以下有期徒刑，並處罰金一千萬日元（約六十三萬元人民幣）；如胡亂丟棄廢棄物者為企業或社團法人，將重罰三億日元（約一千八百一十萬元人民幣）。

除了國民溶於血液的自覺性和嚴格的法律法規之外，父母的言傳身教和從幼稚園抓起的扔垃圾教育是成就日本成為垃圾分類大國的關鍵。

從幼稚園到高中，學校都會定期組織學生參觀當地的垃圾處理廠，告訴學生每天得有多少垃圾送到處理廠裡，每天的處理能力是多少；如果沒有做好垃圾分類，會出現甚麼樣的結果。讓孩子們從小接受這樣的教育，而且要不斷地去寫作文，強化年青一代對於垃圾分類重要性的認識。尤其是在日本小學裡，孩子們都要集體吃午餐，午餐中一定會有一盒紙包裝的

牛奶，每個小朋友把牛奶喝完後要把牛奶紙盒洗乾淨，而且不能用自來水洗，這樣浪費水，而是排隊在一個水桶裡洗。洗好後，放在通風透光的地方去晾曬。到第二天，把前一天曬好的牛奶紙盒用剪刀剪開攤平，以方便打包收集。這樣日復一日，在珍愛環境、珍惜資源中長大的孩子，不僅不會亂扔垃圾，同時還知道，許多垃圾是需要清洗乾淨之後才可以扔棄。

日本人扔垃圾有專用的垃圾袋，我們中國許多地方的垃圾袋是黑色的，日本規定垃圾袋必須是白色透明或半透明的，這樣可以讓收集垃圾的工人看清裡面裝的是甚麼，也可以讓鄰居相互監督。垃圾袋是有國家標準的，大小分為十公升至四十五公升，價格折合成人民幣的話，每個一元到三元不等，這種國家標準規格的垃圾袋在超市和便利店到處有售。

如此煩瑣的垃圾分類流程，能夠讓日本一點三億人深刻牢記自覺遵守，並成為衡量國民道德的標準之一，也只有日本這個國家做得到，這也從一個側面說明了日本是一個具有很好社會公德心的國家。

將垃圾分類做到極致，日本自然也成為世界資環循環利用的典範國家。日本的火力發電、蒸汽熱能、金屬原料就有一部分源於垃圾能源。東京的成田機場、台場等場所也是用垃圾填海而成。到過東京灣台場的朋友們不知有沒有注意過那裡一個造型優美的直線型建築，那就是垃圾焚燒場的煙囪。由於日本的垃圾焚燒已經做到了零排放，所以，即使在這麼重要的商務區和風景區，這個煙囪不冒煙，也不發臭，對環境沒有污染。相反的，利用垃圾燃燒產生的熱能建造的一個溫水游泳池，成了附近居民和公司白領們的健身中心。

來過日本的遊客都會由衷地稱讚日本環境的乾淨、整潔，殊不知人家背後的付出。目前中國大中型城市的公共場所的垃圾桶大部分已經開始實現可回收和不可回收的分類，雖然和日本相比分類還顯得比較簡單粗暴，但是這已經是一個很好的開端，只要我們能夠虛心向日本學習垃圾分類的經驗，提高國民的垃圾分類意識，制定必要的垃圾分類法律法規，一步一步地向前推進，中國也一定會成為垃圾分類大國和資源再利用大國。

先輩照顧後輩，為何會成為一種義務

日本社會存在著一種嚴格的師徒關係，這種關係保證了日本傳統文化，尤其是手工藝技術的良好傳承，同時也體現了日本社會上下有序，尊重知識，尊重先輩的一種良好的傳統。其實在日本社會還有一種文化很值得讚賞，那就是先輩必須照顧後輩的責任與義務。這種責任與義務，讓充滿競爭與冷清的社會，多了一點人間溫暖。

我過去在日本讀研究生的時候，剛進學校，甚麼都不懂。因為我在國內沒有學過日語，雖然在語言學校裡讀了一年，但是許多時候是忙於打工養活自己、籌集學費，所以考入大學院的時候，日語不怎麼好，許多事情不懂。比我高一級的兩位日本同學組成了一個幫助小組，專門負責照顧我在學校裡的各種事情。從最初到車站接我到幫我辦理各種入學手續，陪我去圖書館辦圖書證，然後教我如何做研究課題找資料，放學後還帶我去找工作，有時他們聚會也會把我帶上，還不讓我出錢。有一次我實在過意不去，對他們說：「真的不知道如何感謝你們。」他們說了一句話，說：「當たり前、われわれは先輩だよ」這句話的意思是：「我們是先輩，這是我們應該做的事。」

我第一次記住了日語中「先輩」兩個字的讀音，其實與中文讀音幾乎一模一樣，先輩，せんぱい。兩個漢字和讀音都是在唐宋時期從我們中國傳過去的。更為重要的是，我理解了日本社會中先輩照顧後輩的一種自然的責任感與義務。

在日本大學新生入學的時候，高年級的學長學姐們要做的事就是要在車站和校門口設立接待站，負責迎接和陪送新來的學弟學妹。這種情況，跟我們中國的大學幾乎一樣。不同的是，大四的日本同學會承擔輔導低年級學弟學妹找工作的任務。

因為在大四的時候，學生基本上已經找好了工作，接到了錄用單位的《內定通知書》，因此他們有了空餘的時間。於是要去指導大三甚至大二的同學找工作，把他們的經驗教訓告訴給後輩的學弟學妹們。有的還要負責將學弟學妹的求職檔案投送給錄用自己的公司。

每年十二月，那些考上東京大學、京都大學或者早稻田大學、慶應大學等名校的畢業生，要利用回家過年的機會到母校去輔導正準備報考大學的學弟學妹，幫助他們做題目，講學習竅門，輔導學弟學妹們選學校和專業。因為他們自己都經受過人生的這種歷練，因此他們的輔導有時候比學校老師的輔導更有效。所以，日本元旦過新年期間，許多學校教室裡的燈總是亮的，總是能夠看到勤奮的學生和回鄉輔導他們的學長學姐。這些學長學姐認為，輔導好後輩，多考上好大學，是報答母校的最好辦法。

日本的清明節不是在四月份，而是在八月份，叫盂蘭盆節。這是一個佛教概念的名字，就是回家掃墓，祭奠死去的親人，讓他們脫離苦海地獄到西方極樂世界。

盂蘭盆節假期一般是一個星期，在八月上旬和中旬之間進行，無論是企業還是政府機關，都會調整員工的休假時間，讓他們趕回老家去給祖先掃墓。其實掃墓的時間只有一天，很多人從東京、大阪等大都市回到偏僻的農村老家，不管年紀是六七十歲還是三四十歲，都會回到自己的母校，去幫助他們的後輩們練習打棒球，踢足球，或者指導他們做暑期社會實踐作業，一起打掃校園，一起參加學校或者當地的文化慶典活動。

我們亞洲通訊社裡有一位老編輯，是秋田縣人，他是母校校友會的一位理事，每年的盂蘭盆節，他都會從東京買上好多禮物回到自己的學校，和其他一起回家的校友們在學校裡與後輩學生們一起組織混合棒球賽，然後開設講座，給孩子們講述許許多多人生的經驗，包括就業，談戀愛，將來經營自己的家庭，經營自己的人生，等等。他覺得，作為一個畢業多年的先輩，有責任對自己的後輩貢獻一點智慧，避免他們走彎路，他覺得這是作為先輩的一種責任和義務。

這種先輩照顧後輩的文化，也體現在日本的企業文化當中。先進公司的人，不管年齡大小，對於後來的人都是先輩。一些中途跳槽進入公司的人，即使你的年齡比先輩職員大，也一定要尊重比你先進公司的人。同時也必須老老實實地去做一些後輩應該做的事情，比如早一點到公司擦桌子、倒垃圾，在工作上虛心向先輩們請教，等等。作為先輩，在後輩們遇到問題、困難的時候，無論是工作上還是生活上，都有責任和義務幫助後輩解決問題，幫後輩出主意。

這種先輩和後輩之間的關係，有其積極的一面，但是也會產生一些副作用，比如後輩個性強，不怎麼尊重先輩、不怎麼聽先輩話的時候，往往也會遭到先輩的欺負。先輩們會認為，你破壞了上下先後的處世規則，應該接受懲罰。所以，「いじめ」，也就是欺負人的問題，在日本的學校、企業中也成為一個社會問題。

長期在日本留學生活和工作的中國人，大家也受到這種日本文化的熏陶，自然而然地習慣了先輩照顧後輩的這種傳統文化。

微觀文化

京都藝伎使用甚麼樣的名片

日本這個國家，像一隻襪子，從北海道到九州地區，南北狹長，坐飛機也得飛行三個多小時。我在東京生活多年，但是最喜歡的城市還是京都。京都和東京有著兩種完全不同的氣質，如果說東京是大都會氣質的話，京都就顯得很文藝。

京都我已經去過幾十次，這個城市之所以令人流連忘返，百看不厭，是因為它有許多引人入勝的寧靜之美，無論走在哪條街頭小巷，都能感悟到一種似曾相識的韻味：古舊、雅致和一份高貴。

京都的文藝存在於千年的建築中，也存在於花道茶道中，尤其存在於優雅的和服之中。

說到和服，自然會想到藝伎。整個京都，演繹和服之美的，唯有藝伎。

日本在二〇一六年評選出了三大服務最佳的公司，排名第一的是東京迪士尼樂園，排名第二的是老牌的帝國飯店，排名第三的就是MK出租車公司。MK出租車車輛之乾淨，用白毛巾擦都難以擦出灰塵，司機服務態度之好，更能讓你體驗到一種溫馨。

我到訪京都，MK公司的青木社長約我一聚，問我想去哪裡。我自然想找藝伎聊天，因為日本藝伎最多的地方，就是京都。而京都藝伎最為集中的地方，就是一個叫「祇園」的地方，一般也叫「花街小路」。

藝伎產生於十七世紀的東京和大阪。最初的藝伎全部是男性，主要在青樓妓院和娛樂場所以表演舞蹈和樂器為生。十八世紀中葉，男性藝伎漸漸被女性取代，這一傳統沿襲至今。

一六六五年，江戶幕府政府允許京都人經營茶屋。起先的茶屋以喝茶吃點心為主，侍女們負責端茶送水。後來各個茶屋的主人為了招徠客人，競相讓侍女們穿著漂亮的和服唱歌跳舞取悅客人，於是這些侍女就逐漸成了後來的藝伎。所以，藝伎不是妓女，而是表演歌舞取悅客人的女藝人。

京都的茶屋大多集中在北野天滿宮和八阪神社的門前町一帶，這一區域，就是現在的「祇園」。在十九世紀初是祇園最興旺的時候，藝伎多達三千多人。

京都藝伎身著傳統和服，腳穿高跟木屐，臉和脖頸上都抹著厚厚的白粉。她們都是京都文化中亮麗明豔的人文奇景異觀。以前，藝伎們大多出身於貧寒家庭，許多女孩從五歲、十歲開始就到藝伎館從師學藝，學日本傳統舞蹈、三味線琴、各種禮儀，還有京都方言。十二歲或十五歲左右出師為舞伎。到二十歲時轉為藝伎。

藝伎總讓京都蒙上一層浪漫情懷。但是，藝伎不是隨便打一個電話就可以叫的，一般必須要有熟悉的人介紹，才會走出來陪你喝酒。

青木社長是京都有名的紳士，他自然有熟悉的地方，於是我們就走進了祇園的一條小巷裡，一家小小的酒館。酒館門面很低很樸素，看不出有多豪華，但是走進裡面，居然有一種可以望見天的天井，種著一棵高高的竹子，還有一棵低矮的楓樹。

當我們走進酒館時，發現已經有三名藝伎在等候我們，年齡都是二十幾歲，據說其中一位還是祇園最紅的。

與藝伎們見面的第一個儀式，便是相互行禮。進了酒館，藝伎們是跪在榻榻米上屈身給我們行禮，而作為客人，跟她們說一聲「こんばんは（晚上好）！」，可以擺出一種我是主人的姿態。

因為我們是在吧台上喝酒，不需要她們表演歌舞，所以，兩位藝伎是挨著我們坐下，陪我們喝酒，還有一位跑進吧台裡，給我們端菜。

坐下後，陪我的那位藝伎遞給我一張小小的黏貼紙，上面印著「美月」兩個字，美麗的月亮，很好聽的名字。她說，這是我的名片。美月的名片上是沒有地址和電話號碼的，只有一個名字，自然是她的藝名。

第一次拿到藝伎的名片，感到很好奇。我問她為甚麼不印聯繫方式，她說，這是祇園的規矩，作為藝伎，是不可以與客人單獨聯繫的，一切都聽茶屋主人的安排，也就是媽媽的派遣，收入也是歸媽媽所有。媽媽根據藝伎出場的業績，每個月發給其薪水。

另外兩名藝伎也過來遞給我名片，一位叫「百合葉」，還有一位叫「茉利佳」。每個人的名片都設計得不

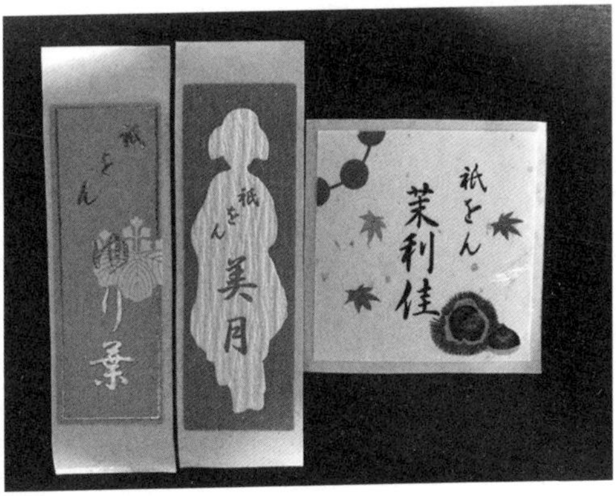

一樣，但都有一個特點，那就是每張名片都印刷在黏貼紙上，你可以把名片揭下來，黏貼在自己喜歡的地方。

我跟美月開玩笑說：「你的名片我該貼在哪裡呢？」她抿了一口酒，輕輕地對我說：「那就貼在手機的背後。」

跟藝伎喝酒，聊甚麼內容呢？我最感興趣的是她們的生活。

美月是三位藝伎中長得最漂亮的一個，她告訴我，自己並不是從小進入藝伎館學藝的藝伎，而是讀完大學之後被藝伎的職業感染，投身於這份美麗的工作中。

她說，京都的藝伎中，像她這樣的藝伎越來越多。這也符合時代的潮流。

美月在大學裡學的是美術，畫油畫。但是自從開始藝伎的生活，已經很少有時間去觸摸畫筆。美月告訴我她每天早上八點鐘起床，練習歌舞和學習彈琴，一般要練習到中午。吃午飯的時間，是藝伎一天之中最快樂的時光。藝伎如果是在家單住的話，會做一點自己喜歡吃的飯菜，但絕大多數時候是和姐妹們一起吃。美月說，雖然從事著極為傳統的職業，但自己最喜歡吃的還是意大利麵。

到了傍晚時分，藝伎便開始為晚上的工作做準備。整理髮型、妝容，穿上漂亮的和服，等待客人們的召喚。

藝伎繁忙的時候，一晚上要去五六個地方。表演或陪酒的地方不只是祇園，還會去別的料理店或者酒店演出，因此每天工作都會很晚，甚至要到深夜一兩點才送走最後一批客人。

但是，美月很喜歡藝伎的工作，她覺得自己是在演繹一種傳統的美，為京都傳承一種傳統的文化。

美月的和服很華麗，看起來也很厚重。我問她自己一個人沒法穿吧？她說，藝伎館裡有專門幫忙穿和服的和服師。但是，只有祇園的和服師都是男性，因為要把背後的腰帶紮緊，需要很大的力氣，沒有男人的手力，這腰帶是紮不緊的。

我突然有了一種想去當和服師的念頭。

據說，現在京都祇園的藝伎館，也就是茶屋，雖

然還有八十三家，但藝伎只有一百二十人，與過去鼎盛時期的三千人相比，已經減少了許多。美月說：「藝伎文化是日本傳統文化的一個代表，總需要有人去繼承與弘揚。作為一名京都人，我們有義務去好好保存這一種文化。」她說自己以後即使結了婚，也會繼續從事藝伎的職業。

酒喝了好幾個小時，厚白的粉妝、華麗的和服、嬌豔的頭飾、迷人的笑容，讓空氣中透著一種夢幻般的豔美。

離開酒館的時候，已是深夜。美月三人出門相送，那最後深深的一鞠躬，讓我感受到初秋的京都那一絲美麗的溫柔。

男子演唱組SMAP為何不歡而散

日本國民偶像演唱組SMAP解散了！好端端的五個大男人，從小摸爬滾打在一起，為何突然宣佈分手，難道友誼的小船真的說翻就翻？

二〇一六年十二月二十六日晚，SMAP的五名成員聚在一起演唱他們心中最後的歌曲。富士電視台的這檔SMAP冠名節目，從晚上六時三十分開播，一直延續了整整五個小時，許許多多的日本人含著眼淚守在電視機前，看著這五名成員回顧二十八年來的成長歷史，因為SMAP伴隨了他們的青春，伴隨了他們的人生。節目結束時，五人最後合唱了SMAP的金曲《世界上唯一的一朵花》，並向陪伴多年的觀眾們鞠躬告別，為日本現代演藝史上最著名的一個男子演唱組畫上了一個句號。

這檔節目其實是在十二月一日錄製的，為何選擇富士電視台作為自己最後的告別舞台？理由很簡單，SMAP 最早的一檔綜藝節目，就是在富士電視台播出的，富士電視台是他們的老東家，這個恩情不能忘。現場的工作人員稱，節目錄完之後，SMAP 隊長中居正廣號啕大哭，木村拓哉一個人留在舞台上久久不忍離去。

SMAP 成立於一九八八年，由中居正廣、木村拓哉、稻垣吾郎、草彅剛、香取慎吾五位成員組成。截至二〇一六年，SMAP 在日本娛樂界已經活躍了整整二十八年。

剛出道時，中居正廣是十五歲，木村拓哉也是十五歲，稻垣吾郎是十四歲，草彅剛是十三歲，最小的香取慎吾只有十一歲，五個人加起來也不過六十八歲。但是現在成員年齡都漲了二十八歲，中學生變成了中年男人。

SMAP 在出道後連續三次獲得日本最具權威的音樂公信榜專輯冠軍，歌曲受到了不同年齡人群的喜愛，最出名的歌曲《世界上唯一的一朵花》，一直是日本最暢銷的金曲。

SMAP 不僅成了日本家喻戶曉的偶像團體，也受到了亞洲各國歌迷的喜愛。二〇〇八年，上海舉行世博會時，曾邀請 SMAP 出演。但是因為韓國歌手的演出導致了事故的發生，最終也取消了SMAP的演出。二〇一一年，時任中國國務院總理溫家寶訪問日本，單獨會見了SMAP全體成員，並盛情邀請他們到中國演出。這一年的九月十六日，SMAP在北京工人體育場舉行了出道二十周年首次海外演唱會，據說一張面值一千九百八十元的票被炒到了七千元。

五名成員除了演唱之外，還主演電影和電視劇、主持電視節目，尤其是木村拓哉成了最近二十年來身價最高的影星，木村在一九九四年，出演電視劇《愛情白皮書》而受到好評，同年憑藉電影《足球風雲》獲日本奧斯卡金像獎最佳新人獎。此後他主演愛情劇《悠長假期》，其最高瞬間收視率為百分之四十四，創下紀錄。二〇〇〇年主演的愛情劇《美麗人生》，最高單集收視率為百分之四十一。二〇〇一年，木村主演的刑事劇*HERO*成為日本民間電視台唯一一部每集收視率均超過百分之三十的電視劇。二〇〇七年，主演TBS電視台創立五十五周年紀念電視劇《華麗一族》。二〇一三年十一月，主演科幻電視劇《安堂機器人》，均成為日本社會的話題之作。

而SMAP隊長中居正廣成了日本一位著名的節目主持人，他曾連續四年主持NHK電視台的跨年紅白歌會，也主持過二〇一四年的索契冬季奧運會的現場直播。與木村的高傲相比，中居正廣是一個很好玩的人，平易近人，愛開玩笑。中居的一個手機可以用十二年，直到壞到不能修才換新手機。他自稱自己懶得弄髮型，所以喜歡戴帽子，這樣就可以省下整理頭髮的時間來賴賴床。中居正廣還是位讀書愛好者，無論工作多忙，也一直堅持讀書。喜歡的類型是推理小說，尤其喜歡松本清張和東野圭吾的偵探小說。

SMAP 的五名成員中，雖然傳有各種愛情故事，但是結婚的只有木村一個人。二〇〇〇年十二月五日，二十八歲的木村拓哉和三十歲的歌手工藤靜香宣佈結婚，引起了整個日本社會的轟動。中居最近在電視節目中透露，自己看來不適宜結婚，還是當單身老男人好。

早在二〇一六年一月，以《週刊新潮》為首的各大媒體就曝出 SMAP 內部分裂、組合瀕臨解散的消息。不過在一月十八日，SMAP 向公眾道歉，並表示組合會繼續向前，可具體落實到組合前景，卻沒有正面答覆。

八月份，演唱組所屬的經紀公司傑尼斯發表了一份聲明，稱「在年初的解散騷動過後，從二月到八月十日，我們花了半年多時間，和成員逐個甚至全體展開多次談話，給他們提出了許多發展建議，比如像往年一樣上音樂節目，開演唱會，甚至提出了二十五周年紀念的計劃。」但遺憾的是，數名成員一致表示，「按照我們現在五個人的情況，恐怕再一起出席活動相當困難」。

眾多的歌迷們苦苦等待的 SMAP 二十五周年演唱會，最終化為泡影。SMAP 選擇在二〇一六年十二月三十一日正式解散，結束二十八年輝煌的歷史。

許多人很納悶，好端端的一個演唱組為甚麼要解散呢？

我們不得不先來說一說SMAP的經紀人，被稱為SMAP母親的女人飯島三智。

SMAP剛出道時，反響平平，傑尼斯公司裡幾乎無人願意去照顧這幾名小男孩。飯島主動接手了SMAP經濟人的工作並確定了走綜藝偶像的路線。在飯島的苦心經營下，SMAP逐漸走紅，最後在綜藝節目大放光彩。

這幾年傑尼斯陷入了內部爭權鬥爭，創始人喜多川面臨退休，社長之位引發爭鬥，爭鬥的兩方就是藤島景子和一手培養SMAP的經紀人飯島三智，而藤島景子正是喜多川姐姐的女兒。最終飯島三智離開公司，藤島景子取得勝利，SMAP的成員與飯島都有深厚的感情，他們覺得，沒有飯島守護他們，他們在傑尼斯將日子難過。於是有幾個成員想跟隨飯島離開公司，但木村拓哉表示要留在傑尼斯，SMAP成員之間產生了隔閡。

導致SMAP解散的，還有一位女人，就是木村拓哉的夫人工藤靜香。

根據傑尼斯內部人士透露，飯島早在去年夏天就開始考慮離開事務所，自立門戶。她與SMAP成員也有過多次商談，除了木村之外，其餘成員都決定跟隨飯島。而木村不願跟隨飯島離去的原因，是因為工藤靜香要求他繼續留在傑尼斯。

工藤靜香在二十世紀九十年代是日本最著名的偶像級歌星，當初與木村結婚時，許多人並不看好這位姐姐夫人，但是結婚十幾年，木村在夫人的支持幫助下，在演藝界越來越紅，因此，工藤靜香對於木村的影響很大。

據悉，工藤靜香勸說丈夫不要背叛藤島景子，為了孩子考慮留在傑尼斯。木村最終聽從妻子的勸告，決定留在傑尼斯，畢竟傑尼斯的舞台要比還沒有成立的飯島事務所來得大。工藤靜香考慮得很實際。

同舟共濟了二十八年的友誼小船，說翻就翻。SMAP 的解散，也驚動了日本政府。日本內閣官房長官菅義偉在二十七日的記者會上稱：「SMAP 作為日本國民偶像團體，活躍多年至今，不僅發表了眾多膾炙人口的歌曲，還是電視中一個非常重要的存在，成員們各自發揮獨特的才華，作為演員、主持人等，在各大領域活躍至今。對於他們的解散，我深感遺憾。希望他們今後能夠充分利用這些經驗，各自都成為獨一無二的人，給粉絲們帶去夢想和希望。我想粉絲們都期待著未來有一天 SMAP 還能再度合體活躍在電視舞台上。」

對於 SMAP 解散感到惋惜的還有中國駐日本大使館。在 SMAP 的官方網站上，中國駐日本大使館的一段留言，也轟動了日本社會。這段留言很簡單，但是用了中日兩國的文字：ありがとうSMAP，謝謝，SMAP。留言中還發了當年溫家寶總理會見他們和SMAP在中國演出的照片。一些日本網友紛紛跟帖，稱SMAP為中日友好作出了貢獻，友誼長存。

SMAP解散了，它曾經給許許多多的人帶來過夢想，帶來過快樂。二〇一二年，我在一次活動中見到過他們，我曾經對木村說，期望你們能夠再次去中國公演，木村回答說，有機會的話，一定會再去中國，北京烤鴨真的很好吃，我們還想在萬里長城上錄唱《世界上唯一的一朵花》。

如今，SMAP的這個夢想也將成為一個傳說。

日本的筷子頭為啥是尖的

這是一個發生在二十多年前的故事。我到日本不久，認識了一位名叫金子的日本朋友。有一天，金子先生請我去他家做客。吃飯的時候，他和太太都使用貼了貝殼、上了油漆的漂亮筷子，而給我的是一副一次性木筷。三雙筷子擱在一張桌子上，就好像是窮人陪著富人吃飯，心裡多少有些不自在。金子的太太看出了我的不悅，對我說：「日本每個人都有自己的筷子，今天只能委屈您使用一次性筷子了。」離開金子家後，我跑進了書店，去尋找有關日本筷子文化的書。今天，我把這本書重新翻出來，與大家來一起聊一聊日本的筷子文化，比如日本的筷子為甚麼頭是尖的？

每個國家、每個民族，因為長期形成的飲食文化，決定了它使用甚麼樣的餐具。比如歐洲人喜歡使用金屬刀叉，而東亞人喜歡使用筷子。

中國是筷子的鼻祖，相傳大禹是世界上第一個使用筷子的人。作為一個文明、一個時代的象徵，大禹更像是一個時代的符號。正確的說法應該是「大禹時代的人是最早使用筷子的人」。也就是說，中國人在三千多年前就已經使用筷子吃飯。

日本的筷子是從中國傳入的。是甚麼時候傳入日本的呢？是在公元六〇〇年，距今一千四百多年的隋朝。這一年，誕生了一位偉大的和尚，就是後來去西天取經的唐僧玄奘。

為甚麼是在公元六百年傳入日本的呢？因為這一年，日本的國家領導人聖德太子第一次派遣了一個官方的使節團前往中國朝貢，拉開了日本向中國學習的帷幕。當時的日本朝貢團團長名叫小野妹子，是聖德太子最信任的大臣，他漂洋過海來到中國後，長途跋涉來到了隋朝的首都大興，就是後來的長安，也就是現在的西安，向隋朝皇帝獻上了貢物。隋朝皇帝設宴宴請小野妹子，當豐盛的飯菜端上來後，小野妹子伸手就去抓，隋朝皇帝皺起了眉頭。因為在隋朝，用手抓飯被認為是未曾開化的愚昧民族的愚昧舉動。小野妹子看到隋朝的大臣們都在用兩根細細的木棒吃飯，第一次知道了先進國家的文明產物——筷子。

回國之後，小野妹子立即報告聖德太子，並將一雙從中國帶來的筷子獻給聖德太子，告訴他：中國人是用這兩個小木棍吃飯，而不是用手抓。聖德太子聽了彙報之後，認為必須向隋朝學習，使用筷子吃飯。

日本歷史教科書裡，將聖德太子敬奉為日本第一個用筷子的人。後來，筷子從朝廷傳入民間，並在此後一千多年中賦予了筷子不同的禮儀規矩，形成了日本自有的筷子文化。

那麼，日本的筷子與中國的筷子有甚麼不同？至少有兩大基本的不同。

第一，日本的筷子頭要比中國的筷子頭尖。日本筷子的頭為甚麼是尖的？這與日本的飲食有關。因為日本是一個島國，主要的食物是魚，日本人吃魚時，要把魚肉和魚刺分開，就必須要有尖尖的東西，於是，日本人就把中國傳過來的圓頭筷子削尖，吃起魚來，十分方便。

第二，日本的筷子比中國的筷子短。為甚麼日本的筷子短？這也與日本的餐飲方式有關。我們中國人吃飯，喜歡團團圍坐在一起，然後擺上許多菜一起吃。過去沒有可以旋轉的圓桌，很多時候必須伸出手去，才能夾到菜。尤其是夾魚夾肉時，必須用勁，才能防止魚肉滑落。因此，筷子不僅要長，而且必須結實，因此中國的筷子是又長又粗。而日本自古以來實行的是分餐制，飯菜都在自己的面前，因此不需要長長的筷子，所以，日本的筷子是又細又短。

日本的筷子擺放方式與中國的也有不同。中國人的筷子是豎著放的，韓國人學的也是中國的擺法，豎著放。但是日本的筷子是橫著放。中國的筷子是放在右側，而日本的筷子是放在胸前的位置。為甚麼日本的筷子是放在自己的胸前？因為日本人在過去都是自己帶筷子的，所以吃飯時從自己的筷子盒裡掏出筷子，悄悄地放在自己的面前，保持一種私物的隱秘性。這一習慣逐漸延伸到現在，我們可以注意到，你如果搭乘日本航空或者全日空的客機，吃完飛機上的套餐後，日本人幾乎都會做一個動作，那就是把用過的筷子插回到裝筷子的紙袋裡去，就是為了避免被人看到用過的筷子的不衛生。像我們這些長期在日本生活的中國人，也已經習慣於日本社會的這一做法，最後一定會把筷子插回紙袋裡去。

在中、日、韓三個國家中，也只有日本有賣各種各樣漂亮精緻的筷子盒。孩子們上學時，書包裡一定會有自己的筷子盒，因為在學校裡吃飯要用自己的筷子。

在日本料理中，日本筷子的功能是全面的。如果仔細觀察的話，你會發現，在吃日本料理時，裝菜餚的盤子各種各樣，但是沒有一隻調羹（編者註：匙羹）。尤其是吃高級的懷石料理，都是從筷子開始到筷子結束，哪怕是上來一碗湯，也沒有調羹。用筷子將湯中的菜餚吃完，然後雙手端起碗來將湯喝完。所以，日本一般只有在中國料理店和拉麵店裡，才會看到調羹。

在筷子文化上，日本跟中國還有一個很大的不同，那就是中國人的筷子是你我不分的，但是日本人的筷子是分得很清楚的。在日本人家裡，爸爸媽媽和兒子女兒的筷子都是分開的，爸爸的筷子長，媽媽的筷子短，孩子們也都有自己專用的筷子。客人去的話，也會給你一雙屬於你的專用筷子，那就是一次性筷子，不是欺負你，而是你用過的筷子不可能再給第二個人用，所以才會誕生一次性筷子。

在日本，使用筷子有許多的禁忌和規矩。吃飯時，不知道吃甚麼好，於是舉著筷子在菜盤子上轉悠，這在日本會被認為是一種極不文明的行為；吃生魚片時，不是用筷子夾，而是用尖尖的筷子頭去刺，也是不被允許的；嘴巴裡面還在嚼，卻已經把筷子伸到了別的盤子裡，這是貪婪的表現；不能拿著筷子端起碗來喝湯；不能用自己的筷子給他人夾菜；不能用筷子在盤子裡攪拌、尋找自己愛吃的東西；不能用筷子移動碗；等等。據說，日本用筷子的規矩和禁忌共有二十五項之多，看來吃飯前必須先進行禮儀教育。

我在日本這麼多年，日本人拿筷子的方式我一直學不會。我們拿筷子是用拇指和食指兩個手指，而日本人是用三個手指，除了拇指和食指之外，中指就好像是一個控制器，控制著筷子的一張一合，真的很難學。但是日本人從幼兒開始，就學習這樣拿筷子的方式。所以我一直沒有搞懂，到底是日本人拿筷子的方式正宗，還是我們中國人拿筷子的方式更接近於漢文化的標準。

筷子傳入日本已經有一千四百多年，但是日本人到目前為止還在使用一千四百多年前筷子的稱呼，叫「箸」，日語念作「はし」。而我們中國人已經不再使用這一個字。所以，有時候我很感激日本還保留著許多我們中國隋唐的文化。兩國文化真的是同文同宗，沒有理由不友好。

銀座，以前是幹甚麼的

到東京，最值得一去的地方，自然是銀座。

銀座不僅是東京最高級的商業區，也是亞洲最大的時尚展示區。像LV、香奈兒等歐洲頂級品牌的最新款，能夠實行同步銷售的地區，一個是美國的紐約，另一個就是日本的東京。

所以有人說，你走在銀座的街頭，能夠感受到一種世界最頂尖的時尚潮流，同時也能尋覓到日本最傳統的精美商品，小到筷子、和紙，大到和服。所以，銀座是一個融合了日本最古典文化與世界最新時尚的商業區。

東京是一座濱海的城市，以皇宮為中心，東西南北有四大商業中心。北邊的商業中心是池袋，那裡的中國人很多，出了池袋火車站的北口，整條街開滿了中國餐廳，大多數是可以吃到小雞燉蘑菇和酸菜白肉的東北菜館。南邊的商業中心是涉谷，那是日本年輕人最喜歡去的地方，逢年過節，年輕人最喜歡扎推的，就是涉谷。西邊的商業中心是新宿，新宿是東京都政府的所在地，但是最出名的還是亞洲最大的紅燈區——歌舞伎町。不過新宿火車站周邊五百米的區域內擁有伊勢丹、高島屋等五家超級百貨公司，也是世界上僅有的高密度商業區。而東邊的商業中心，就是銀座。

銀座緊挨著日本最大的交通樞紐中心——東京車站，邊上是日本最大的中央商務區——丸之內，從中央機關所在的霞關走路到銀座，大概也就二十分鐘。所以，銀座並不是一個孤立的商業中心，而是與日本政治中心和經濟中心、交通中心連在一起的高級商區。這種環境，也就決定了銀座的檔次——它在東京四大商業中心裡，一直處於「貴妃」的地位。

四百年前，銀座還是東京灣的一部分，現在的銀座大道，當時還是一片海水。統治日本的德川家康當時在海邊建了一座城堡，叫江戶城，就是現在的日本皇宮。為了獲取更多的土地，德川家康開始組織民眾圍海造田，在現在的銀座的地方，修築一條一條的海堤，並在海堤上種上楊柳樹。所以，現在我們在銀座的街頭經常能夠看到不少的楊柳樹，就是為了保留當年銀座的一種景觀傳統。經過幾代人的努力，江戶城前的海灣被不斷地填埋，最終形成了銀座地區。所以，銀座是填海填出來的。

那麼，這片海灘為甚麼會有「銀座」這麼一個美麗的名稱呢？這是因為這裡以前有一座銀幣鑄造所。一六一二年，江戶政府將銀幣鑄造所從靜岡縣的駿府遷至江戶，就在現在的銀座地區，建造了一座銀幣鑄造所，按照現在的概念，就是印刷鈔票的造幣局。一八七〇年，這一地區，正式命名為「銀座」。

其實除了銀座，附近還有一個專門鑄造和鑒定金幣的地方，叫金座。現在連東京人也很少有人知道金座這個名稱，因為金座後來在明治時代改名為日本銀行，就是現在日本央行的所在地。

在江戶時代，日本的商業中心並不在銀座，而是在現在銀座的北側，一個叫日本橋的地方。因為日本橋地區正對著江戶城，同時有一條大河從西流經江戶地區在日本橋入海，因此，來自山區的農副產品，可以直接運到日本橋地區，而日本橋地區海邊的築地，形成了一個魚市場，至今依然是東京最大的水產品交易市場。

三百多年前，日本橋地區誕生了一家專門賣衣服和糖果雜貨的商店越後屋。越後屋就是現在日本著名的百貨公司——三越百貨。

當初，銀座地區是作為一個居民區開發的，這裡的居民主要是一些為德川政府服務的低級官僚和各行各業的工匠。一直到現在，銀座地區還有不少傳統的工藝品和生活用品作坊，就是當年流傳下來的。

銀座開始成為商業中心，首先是藉助明治維新的力量。日本在明治時代開始打開國門，向西方學習。外國人最初是湧入橫濱，後來發現橫濱只是一個港口城市，並不是日本的政治中心，於是來到了東京。因為日本橋地區已經被日本本土的商業佔據，因此，外國人開始在日本橋邊上的銀座定居。於是，這些來自歐洲的外國人帶來了西方的文明和文化，一時間，咖啡館、西式酒吧、蒸汽浴、基督教會、畫廊，紛紛在銀座出現，日本人第一次在銀座吃到了冰激凌，第一次看見了電燈，也是從銀座，日本人接觸到了西方的學術，從此銀座成了日本通向世界的門戶。

一八七二年，銀座一帶發生火災，木結構房子大多被燒毀。災後重建，日本明治政府請了英國建築師湯馬士幫銀座設計新的街區。湯馬士按照英國的建築材料與風格，設計了不少兩三層高、以磚頭為主要建築材料的街區房子，並設置煤氣路燈，使得銀座成為當時日本文明開化的象徵性街道。一八七七年，道路兩旁開始種植柳樹。

銀座最終成為商業中心，是因為這些紅磚結構的房子雖然很漂亮，但是售價太高，租金也很高，因此，一般的老百姓買不起這些洋味十足的紅磚樓房，於是這裡的居民紛紛搬離銀座。結果，空出來的房子被一些商人發現，於是日本商人和外國商人紛紛利用這些紅磚樓房開店，形成了一個以銷售高檔生活用品和西洋進口商品為主的高檔商業區，其主要的客戶是來自居住在江戶城附近的貴族和富商。

一九二三年九月一日，日本發生了七點九級關東大地震，地震發生時，又剛好遇到颱風，因此，整個銀座連同東京、橫濱等許多城區遭到地震和大火的摧毀，燒毀房子三十七萬棟，十萬人遇難和失蹤。日本人苦心經營半個世紀的銀座，就在這場大地震中被毀。

為了顯示災後重建的決心，日本政府決定在銀座地區建造幾棟現代化的高樓，在目前銀座最中心的五丁目十字路口，我們看到圓弧形樓面的和光大樓和三越百貨公司，都是那時候建造的象徵東京災後復興的代表性建築。內部牆壁使用的花崗岩都是從意大利進口的，現在還在使用。

日本發動侵華戰爭和太平洋戰爭後，國內物質開始匱乏，日本政府禁止銀座銷售高檔商品，於是，銀座繁華的景象一度凋零。一九四五年日本投降後，以美國為首的聯合國軍佔領銀座，銀座變成了美軍俱樂部，爵士樂舞廳和西洋餐廳開始在銀座大量出現，同時，為美軍服務的妓院和酒吧也開始在銀座盛行，銀座再度成為日本最繁華的商業區和娛樂區。原本在銀座吃喝玩樂的日本工薪階層被趕到了西邊的新宿，於是，歌舞伎町逐漸成了東京工薪階層的娛樂場所，並變成了亞洲最大的紅燈區。

在日本的泡沫經濟時代，銀座的地價節節攀升，最貴時，一平方米的土地價格高達二百四十萬元人民幣。銀座因此號稱「亞洲最昂貴的地方」。

銀座不但是日本最繁華的商業區，也是融合了古今與海內外各種文化的大花園。在銀座大街的兩旁，坐擁四家大百貨公司、五百家特產商店、二千家飯店、一千六百多家酒吧和歌舞廳和一百餘家畫廊，愛馬仕、LV、GUCCI等世界頂級大牌的專賣店，佔據了銀座大街的一棟棟樓宇。而日本本土的化妝品公司，如資生堂，其發源地就在銀座大道上。資生堂旗艦店已經成了中國遊客的購物天堂。在傳統老店中，鳩居堂出售和紙工藝品、熏香、文房四寶等傳統物品，伊東屋（ITO–YA）經營各式文具和紀念品，這些都是很值得一逛的商店。就連日本最大的報館，像《讀賣新聞》《朝日新聞》等也都在這裡爭得一席之地，為這條珠光寶氣的大街添了幾縷書生氣息。

在日本人的心目中，銀座是最高檔的商業區，也是最有情調、黃而不色的高級酒吧區，總之，是有錢人的天堂，沒錢人的觀光勝地。

當你漫步銀座街頭，舊時代風貌和二十一世紀的繁華，均被銀座大街這面「哈哈鏡」誇張地折射出來。大街兩旁鱗次櫛比的樓堂館舍、千奇百怪的廣告牌使得銀座變成了一座永不熄滅的不夜城。所以，大家來東京，一定要到銀座來走一走，未必一定要買馬桶蓋和電飯煲，但是一定要去挑選幾件日本傳統的工藝品，哪怕是一雙嵌了五彩貝殼的筷子，都可以讓你感受到銀座的精緻與繁華。

日本為何還堅持使用漢字

在古代東亞，曾經存在過一個「同書同文」的漢字文化圈，包括朝鮮、韓國、越南與日本。其中，朝鮮半島與越南都與中國接壤，在歷史上兩地的北部也都曾是中原王朝的郡縣，唯有日本孤懸大海之中，游離於以中原王朝為中心的朝貢體制之外，卻同樣引入了漢字。

漢字是何時進入日本的？按照古代日本史籍，全部用漢字寫成的《日本書記》的說法，「上古之世，未有文字，貴賤老少，口口相傳」，到了應神天皇（二七〇至三一〇年在位）時代，朝鮮半島上的百濟國派阿直岐到日本，為太子菟道稚郎子的老師，教讀經典；次年又有儒學博士王仁帶來《論語》十卷和《千字文》一卷，是為日本接觸漢字之始。

今天看來，《日本書記》所說的這個年代，既早也晚。說它早了，是因為《千字文》是南朝梁人周興嗣編寫的兒童識字課本，成書於六世紀上半葉。故而應神天皇統治時期絕不可能傳入日本。說它晚了，是因為一七八四年在福岡縣誌賀島挖出了一枚刻有篆文「漢委奴國王」的金印。根據中國史籍記載，這應該就是東漢光武中元二年（公元五七年）「倭奴國」向東漢遣使朝貢時，光武帝賜予的印。也就是說，至遲在公元一世紀中葉日本人就已經接觸到了漢字。

起初，日本掌握漢語文的人還很少，僅限於掌管大和朝廷記錄事務的史部人員。這些人多數是通曉漢字漢文的「渡來人」（四至七世紀從朝鮮半島和中國來到日本列島的移民）及其子孫。二十四史之一的《宋書》在《倭國傳》裡收錄了四七八年倭國雄略大王致宋順帝的一則表文，開篇就是「封國偏遠，作藩於外」，行文流暢，文辭得體，顯然是當年留日中國人的傑作。

七世紀時，為了直接吸取中國的先進文化，日本先後向中國派遣了遣隋使和遣唐使。加之百濟、高句麗滅亡後，又有大量「渡來人」移居日本列島，進一步促進了日本人漢字能力的提高。聖德太子在公元六〇四年所制定的日本法制史上第一部成文法典《十七條憲法》，就全以漢字寫成，第一句就是「以和為貴、無忤為宗」。

話說回來，對於大多數日本人而言，漢文仍舊是門難學的外文。八世紀時，日本空海和尚從中國留學後回到日本，仿照漢文的草字體創制了草書字母——「平假名」。日本政治家吉備真備到中國朝聖後，也利用漢字的偏旁結合日本語的發音，創造了楷書字母——後來被用於拼寫外來語的「片假名」。兩者的產生，標誌著日本本土文字的出現。

在盛行漢文學的平安時代，使用漢字是有教養、有學問的表現，也是男子的專利。女性則使用平假名書寫和歌、書信等。平安時期，貴族男女之間已經常通過書信往來，既然女性不通漢字，為了交流方便男人寫給女人的信也會使用平假名。同期，使用平假名書寫的和歌也大量流行，擴大了平假名的使用範圍，從而慢慢形成了日本獨特的文章書寫方式——漢字假名混寫體，漢字在日本的一統天下因此也宣告瓦解。

日本人跟我開過一個玩笑，說你們中國《人民日報》的一半的文字是日文。我開始聽到這句話時，還無法理解。《人民日報》都是漢字，怎麼會是日文呢？但是日本人告訴我，《人民日報》中出現頻率很高的單詞，比如革命、社會主義、共產黨、幹部、中央機關等，都是日本人造出來的文字，因為在明治維新時期，日本從歐洲引進了大量的英文、德文等書籍進行翻譯，必須要找到相應的漢字，因此翻譯家們在翻譯過程中往往選用意思相近的漢字來進行表示，因此創造出大量的日文新漢詞。《共產黨宣言》最初是由日本人從德語中翻譯成日文的。早年留學日本早稻田大學、日語功底很好，後來擔任過復旦大學校長的陳望道先生，在一九二〇年將日文版的《共產黨宣言》翻譯成了中文版，因此將原來日文版上的漢字原原本本地翻譯到了中文版上，因此出現了看似漢字其實是日語漢字的詞語。

在日本，廢除漢字的呼聲早在明治維新之前就出現過。到了明治維新之後，日本的精英們意識到西洋列強的先進，社會上下颳起了西化之風，政界、經濟界和文化界精英們癡迷沉醉於從衣食住到文學藝術等一切的西洋化。到了一九四五年，隨著日本的戰敗，日本漢字迎來了最大的一次危機。主持戰後對日改造的美國人建議日本廢除漢字，使日語羅馬字化。其背後的動機是：「禁止漢字在公文中使用，易於控制日本人的思想，更嚴格地監督日本政府官員之間的書信往來。而且可以使日本人不被戰前的宣傳物所熏染，培養思想純淨的新一代。」

但是，當時的日本政府罕見地拒絕了佔領軍的意志，日本政府認為漢字是日本國家的文化之根本，必須與天皇制度一起保留。

一九四六年，日本政府公佈了一千八百五十字的《當用漢字音訓表》，一舉將法律條款、公用文書和媒體用語納入了國家規定的「漢字假名混合文體」的軌道。到了二十世紀八十年代，隨著漢字輸入計算機這一技術難題的解決，認為漢字很難適用於印刷、通信的觀點不攻自破。目前，日本文部省規定的小學畢業生要求認識的漢字是一千零六個，到初中畢業時，必須記住一千八百五十個常用漢字。

就這樣，日本成為除中國之外世界上唯一一個保留漢字的國家。

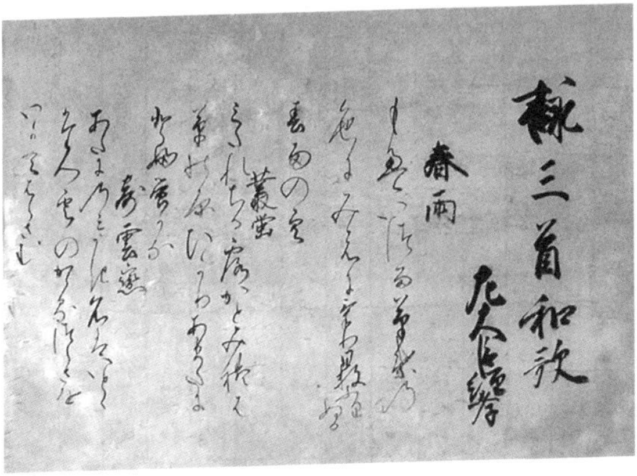

日本人為何第一杯都喝啤酒

二〇一七年五月，我一直在北京忙於「一帶一路」國際合作高峰論壇的報道，一百三十多個國家和地區的領導人和政府高官齊聚北京聆聽中國關於「一帶一路」新的理念與展望，確實讓我們感覺到中國引領世界的一種自豪。在這次論壇當中，我們很關注一個問題，那就是日本到底準備不準備參加「一帶一路」倡議，是不是準備參加亞投行。從結果上來看，無論是安倍首相，還是日本執政的自民黨幹事長二階俊博，他們從不同的角度比較曖昧地告訴我們一個動向：日本正在考慮加入亞投行。

我們知道，日本一直以來對於加入亞投行持抵制和冷眼相觀的態度，為甚麼現在突然開始轉向支持亞投行了呢？我想到了日語中的一句話，叫「讀懂空氣」。

「讀懂空氣」這句話在日語當中念作「空　をよむ」，如果翻譯成我們中文的話，可以叫「察言觀色」。但是「讀懂空氣」和「察言觀色」又有點不同，「察言觀色」只是看周邊人的反應來決定自己的言行，與道德標準無關。但是，「讀懂空氣」是根據周邊的反應來約束自己的行動，以便做出符合公眾道德標準要求的言行。我舉個例子，比如你去參加朋友的婚禮，遇到了自己的前女友，前女友把你甩了，而前女友這次又帶了自己的新男朋友來參加婚禮。在這種尷尬的場合，你如何應對？

如果你是一個能夠讀懂空氣的人，那麼就應該在這個歡慶的婚禮上表現出一種對前女友的友善，同時努力地裝出笑容為這個婚禮捧場。但是如果你讀不懂空氣，表現出不高興，即使大家都知道是前女友的錯，所有的人依然會認為你是一個不講理的人。

「讀懂空氣」這句話，已經成為日本社會文化中的一種道德倫理要求。也就是說，每個人必須按照社會的道德倫理，而不是按照自己的性子來決定自己的言行。所以，能不能讀懂空氣，作出一個符合大眾要求的決定，考驗一個人的智慧，可以考驗他的觀察力和他的判斷力。

比如說你坐新幹線的時候，大家都在休息，有的人在睡覺，有的人在靜靜地看書，你在這個時候接打電話，或者比較大聲地跟旁邊的同事朋友說話，那麼你就會影響人家，車廂裡的人馬上會給送給你一個白眼，就是說你是一個讀不懂空氣、毫無修養的人，因為在大家都在休息的安靜的氣氛中，你一個人打電話或大聲說話，影響了大家的休息。所以在新幹線上接到電話，日本人要麼不接，要麼離開座位跑到車廂的連接處去接聽，絕對不能在座位上接打電話。

日本的這種「讀懂空氣」的文化，源自日本社會的一種集體主義情懷。對歐美人來說，我想幹甚麼，我想說甚麼，那是我自己決定的事情，一般不需要看別人的臉色。也就是說，歐美國家的人更多強調的是個人主義。但是在日本這樣一個強調集體主義的國家，做任何一件事情，必須要顧及別人的感情和感受，要顧及當時的環境和氣氛，然後決定自己該做甚麼事、該說甚麼話，就像林黛玉第一次走進賈府，必須要走一步看一步，不能隨心所欲。

二〇〇七年，日本評選出了「十大流行語」，獲獎的流行語中有兩個極其簡單的英文字母，叫「KY」，這是日本的高中女生們創造出來的一個流行語，指的是讀不懂空氣的人。為甚麼會用「KY」來代表「讀不懂空氣」的意思呢？因為日語中，「空氣」讀作「KUKI」，「讀」讀作「YOMU」，女生們於是取了這兩個讀音的第一個英文字母，組合成了「KY」這一個特殊的英文代號，如果同學中，有人頭腦發熱亂說話，大家就會用手機發一個短信，打兩個英文字母——KY。

其實「KY」在日本還有一個特別的意思，那就是代表「預知危險」，因為在日語中，「危險」讀作「KIKEN」，而「預知」讀作「YOTI」，「KY」是這兩個單詞讀音的開頭字母，這兩個字母在日本的建築工地現場代表了一種運動，叫「KY運動」，就是提醒所有在工地上工作的人，必須要預知現場的危險，做好防範工作，防止出現意外危險事故。

所以，在日本社會，你不能成為讀不懂空氣的「KY」，同時也必須清楚，如果不懂「KY」規則的話，那麼你就會遭遇危險，遭遇麻煩。

我們在日本社會，也很少在公開場合看到妻子衝丈夫發脾氣。原因在哪裡？日本社會自古以來，要求女性必須尊重丈夫。所以在日本，女人稱自己的丈夫為「主人」。我們在電視新聞裡也經常可以看到，日本天皇和皇后出來的時候，皇后一定是跟在天皇的後面並保持一米的距離，如果兩個人並排站在一起的時候，皇后一定是跟天皇保持三十厘米的差距，絕對不會跟天皇並肩站在一起。為甚麼皇后要這麼做？她其實在表現一種日本社會女性的傳統美德：尊重自己的丈夫。

一對夫婦去參加朋友的婚禮、參加親戚的聚會，丈夫做錯事說錯話，如果妻子當面批評指責丈夫的話，你有再多的正確理由，依然會被周邊的人認為，你是一個讀不懂空氣的人，因為在大家都很歡快的氣氛中，你做了令大家不愉快的事，給大家添了麻煩。所以妻子不能在公開場合批評指責丈夫，這在日本社會成了一個賢妻的標準之一，要吵回家吵，要跪搓衣板回家去跪，在公眾場合，妻子一定把自己的不滿壓下去，裝著沒事一樣尊重自己的丈夫，給足丈夫面子，回家再慢慢收拾。

維護一個集體的共同意志，並自覺成為這種共同意志的追隨者，是日本社會對於每個人的基本要求，也就是一種集體主義從眾要求。這種從眾要求，在同事和朋友們一起聚餐喝酒時，表現得最為淋漓盡致。

日本人一起吃飯喝酒，不管男女，大家點的第一杯酒往往是統一的，就是啤酒，哪怕是寒冷的冬天也是如此。十個人中有九個人喝啤酒的話，你一個人要喝清酒，就屬於不合群的破壞性行動，會被大家認為是「讀不懂空氣」的異類人。問題還在於，沒有人會提醒暗示你必須從眾，因為大家認為，從眾是當然的事情，連這一點常識都不懂的人，那就是「社會垃圾」。

所以，當大家都說喝啤酒時，你即使不想喝，也必須要裝出一種贊同的姿態，說一句「我也一樣」。拿到啤酒以後你不喝，沒人會強迫你。重要的是，剛開始時要服從集體的統一意志，表現出團結一致的情懷。至於第二杯酒你想喝甚麼，那就可以自作決定，這也是日本喝酒的規則。

能不能讀懂空氣並遵循集體主義的意志，也是日本社會衡量一個人是不是一個成熟的富有集體主義精神、是不是適合從事團隊工作的人的標準。但是，在許多時候，在沒有別人提醒暗示的情況下，要完全讀懂空氣，或者不過度解讀空氣，這就考驗一個人的智慧。

「讀懂空氣」是日本社會「曖昧文化」的一種集中的體現。在日本社會，或許在某種程度上，還被大家認為是一種精神美感，但是，它也會抹殺一個人的獨立性和自主性，抹殺一些人的創造天分，因為人類發展歷史證明，所有偉大的發明創造，都是因為個別人具有與眾不同的思維，才創造出了與眾不同的東西。

日本執政的自民黨幹事長二階俊博參加完北京的「一帶一路」國際合作高峰論壇，他真正感悟到日本在整個中國主導的「一帶一路」國際聯合行動中沒有位置。所以，二階馬上表態，日本必須要考慮加入亞投行，參與「一帶一路」倡議。安倍首相雖然沒有參加論壇，但是在論壇閉幕的當天接受媒體採訪時表示：「如果讓日本消除一些疑問的話，可以考慮參加亞投行。」這一表態，與一年前相比，是一個一百八十度的大轉彎。為甚麼安倍會轉彎？我們可以講，他開始讀懂了國際外交政治的空氣。一方面是美國準備積極參加「一帶一路」倡議，特朗普派政府代表團與會已經明確表態。同時，世界上不僅是亞洲國家，歐洲非洲甚至南美洲的許多國家也積極地參與「一帶一路」倡議，所以如果日本再不參加的話，他真的會成為世界的孤兒，不僅對日本的外交，同時對日本的基礎產業的出口都會帶來重大的影響，所以安倍開始轉彎了。

在日本機場丟了東西如何找回來

在福州參加完二〇一七年世界華文傳媒大會，連忙趕回東京，接待中國出租車產業聯盟訪日代表團。趕回東京後，下了新幹線就直接去會場，做了一場有關「二十一世紀的中日關係」的演講。然後再趕回辦公室處理工作事務，忙到深夜打車回家。第二天一早趕往成田機場，這次帶二十多家日本企業和政府機構代表去浙江省舟山市考察浙江自貿區。

人一忙，就容易疲憊，一疲憊，就容易出錯。結果在成田機場把手機忘在了廁所裡，人過了安檢進了候機大廳才想起來。最後在機場各方的協助之下，終於在飛機起飛前把手機找了回來。其中的過程，我想講給大家聽，主要目的是想告訴大家，萬一在日本的機場裡丟了東西，可以通過甚麼途徑把它找回來。

我是在日本成田機場搭乘日本航空公司的客機飛上海。辦完登機牌後，上了一趟洗手間，拿手機瀏覽了一會兒新聞，順手把手機擱在放衛生紙的平板台上（我發現有平板台不好，容易往上面擱東西，也容易導致忘記）。

過了安檢，通過出境審查，我去免稅店買了一瓶清酒，這時才發現手機不在口袋裡。停住腳步深呼吸三秒，想起一定忘在廁所裡，於是開始了找手機行動。

我的第一反應跟許多人一樣：我得出去找找。出境審查官很客氣地告訴我：進來了，你就出不去。

那我該找誰呢？審查官告訴我：你坐哪家航空公司的飛機就找哪家航空公司。

我坐的是日航，我得找日航工作人員。他們在哪裡呢？他們在登機口。

去登機口的路上，剛好看到一個問詢服務台，有一位女職員坐在那裡。我停下腳步，跟她把事情一講，她說請你等一下。她馬上上電腦查，在他們的內部服務系統上，確實顯示撿到了一部手機，這時距離我丟失手機大概有半小時的時間。

這位女職員詳細詢問了我的手機型號、顏色、屏幕顯示照片、有無護套等一系列問題，並請我寫下姓名、手機號碼、地址。然後她與保管這部手機的出發大廳服務管理中心通了電話，進行核實（在這裡，要請大家注意：成田機場的每個候機樓和每層的管理中心是不一樣的，所以你要準確告訴其丟失的具體位置）。

女職員核實完畢，確定是我的手機。然後她拿出一張印刷好的紙條，在上面勾畫了出發大廳管理中心的電話號碼，然後寫了一個號碼，告訴我這是我手機的保管編號，叫我馬上去登機口，因為只有我搭乘的航空公司的工作人員才有資格去取。

臨別，她還特別囑咐我一句：離登機時間已近，萬一航空公司工作人員沒有時間去取，那麼你一定要給航空公司工作人員留下自己的聯繫方式，或者你再回來告訴我，讓航空公司替你保管，等你回日本後去他們公司的櫃台取，不然會移送給機場警察署的失物中心處理。

這裡需要強調的是，我沒有聽從出境審查官的意見直接去登機口找日航工作人員，而是先找了問詢服務台是萬分正確的，因為事後我問了日航工作人員，他們在登機口看不到出發大廳管理服務中心的內部網頁，也就是說，他們無法上網查詢我的手機到底有沒有被撿到。

於是，我趕到登機口，向日航工作人員說明情況並遞上紙條。這時離登機時間還有十分鐘。日航的幾個工作人員碰了碰頭，叫我等一下，然後開始根據紙條上的電話號碼給管理中心打電話，確認了手機之後，通知在候機廳外辦理登機牌的日航工作人員幫我去取手機。

在飛機起飛前二十分鐘，看到一位日本航空公司的女職員一路小跑趕到登機口，然後微笑著把手機交到我的手中。從登機口工作人員打電話通知外邊人員去取手機到手機送到我手裡，這前後的過程也就十五分鐘。

從我丟失手機到找回手機，可以看到成田機場在管理乘客遺失物品時的整個流程是這樣的：首先是有人發現了這部手機，並把它交給了機場工作人員。機場工作人員立即把手機送到出發大廳管理中心，管理中心馬上在他們的內部網站上登記顯示出來，讓整個機場的管理人員都可以看到。然後一旦確認是乘客的遺失物品，就可以讓航空公司的工作人員取走，交到乘客手中。

所以，了解了這個工作流程之後，你就可以知道萬一自己在日本的機場丟失了東西，而自己已經進入候機大廳，該如何尋找。最直接的方法是去問詢服務台，叫問詢服務台幫助尋找。成田機場候機大廳的問詢服務台在通過出境審查後的出口處。

因為我懂日語，與服務台的工作人員溝通不成問題，萬一有朋友不懂日語，你最好先用英語或者中文，寫一張紙條，把東西遺失的具體位置、時間、東西的外形和內容、自己的姓名、聯絡電話和地址寫上，然後遞交給問詢服務台的工作人員幫助尋找。如果寫中文的話，能寫繁體字的最好寫繁體字，因為日語中許多漢字都是繁體字，日本人不懂中文，看到繁體字一般也都能猜出一些內容。

如果問詢服務台找不著你的失物的話，你應該馬上去自己航班的登機口，去找航空公司的工作人員幫你尋找。

如果你不懂日語，也不懂英文，那該怎麼辦？還有一招，那就是去候機大廳的免稅店裡，那裡的售貨員有一部分是中國人，你可以尋求他們的幫助和指點。你見到售貨員就可以直接用中文問「你是中國人嗎？」如果遇上的是日本人，她會叫中國售貨員過來和你說話。

但是，大家還要留意一點。如果問詢服務台的工作人員和航空公司的工作人員找不到你丟失的東西，那就有兩種可能：一種是被人拿走了；另一種可能是撿到的人交給了機場的警察。我上次在成田機場的廁所裡撿到一隻錢包，我就交給了警察，因為小時候我們受到的教育，就是撿到東西要交給警察叔叔。不過，交給警察後，警察會拿回警察署處理，這樣的話，在機場管理中心的內部網頁上不一定會顯示出來。在這樣的情況下，建議你要求諮詢服務台的工作人員聯繫一下機場警察署，看警察署有沒有你丟失的東西。同時，在這裡也提醒一下大家，如果你在日本的機場撿到東西的話，最好是直接交給機場的問詢服務台，並留下你的聯繫方式。

在日本，丟了東西可以找回來的概率是百分之九十。因為，日本的法律規定如果你撿到東西不上交警察或者公共機構的話，你就犯了侵吞他人財產罪，會面臨被逮捕或者罰款。但是如果你上交的話，你有權利獲得失主給予你的謝禮，一般撿到現金的話，你可以獲得現金總額的百分之十作為謝禮。如果半年之後，這筆錢沒人認領的話，警察局會通知撿到錢的人，這筆錢就會全額歸撿到的人所有。

但是，像成田這樣的國際機場是屬於人員流動性大、人員比較雜的地方。日本人大多數能夠做到拾金不昧，但是很難保證其他國家的乘客都能做到。所以，最重要的還是要看管好自己的東西。

上個月，有一位網友在微博上給我留言，她的女兒從東京車站搭乘列車去成田機場，結果抵達成田機場下車後把一個包忘在了車上，問我怎麼辦？我告訴她，馬上叫女兒找成田火車站的工作人員，車站工作人員會聯繫你搭乘的列車，叫列車乘務員幫你尋找。但是你一定要說清楚大約在哪節車廂丟的，是靠近車頭還是車尾，還是列車的中間車廂，說得越詳細，對方找起來就越快。結果，十分鐘之後這個包就找到了。

所以，在日本丟了東西不要著急，即使在吃飯的店裡忘了東西，打電話給這家店，一般也都能找回來。重要的是要記清是在甚麼地方丟的。

日本最值得一看的櫻花聖地

從北京結束「中國兩會」採訪回到東京，發現我家門口的櫻花樹已經開始有了嫩嫩的綠芽。如果氣候正常的話，到三月下旬，東京的櫻花開始慢慢綻放，到四月初，會迎來一年之中最燦爛的櫻花時節。

那麼，到日本看櫻花，哪個地方最值得一去？我特別向大家推薦日本古都奈良，尤其是奈良的吉野山。

許多人一說到日本的古都，立即會想到京都。從公元七九四年日本天皇將皇室遷到京都開始，一直到明治時代的一八六九年為止，京都作為日本的首都，其歷史長達一千零七十五年。

但是在京都之前，日本的首都在哪裡呢？是在奈良。奈良與京都相距不遠，現在坐列車一個多小時就可以到達這座日本歷史上最早的古都。

奈良是日本人的精神故鄉，儘管它已不再是千年前的大和國首都，但浸透了中國隋唐底蘊的文化，在這裡被時間凝固、蔓延。日本畫聖東山魁夷說過：「如果說古今集式之美集中於京都，萬葉精神體現於奈良大和。」

東山先生所說的「萬葉」，指的是日本最早的詩歌總集《萬葉集》。《萬葉集》相當於中國的《詩經》，所收詩歌從四世紀一直延續到八世紀中葉，記載了日本的唐詩文化。如果你去奈良的話，在奈良公園中可以找到一座萬葉植物園。這座植物園建於一九二七年，園內的所有植物，都是根據《萬葉集》的詩歌中被歌詠的花草植物收集種植的，共有二百八十種，其中最多的就是櫻花。

日本歷史上有一座完全模仿中國唐朝首都長安城建造的城市，就是奈良，歷史上稱為平城京。今日的奈良，古老、質樸，天平時代的盛唐之景在這裡得以重現。尤其是錯落縱橫的古道，曲徑通幽的町屋民居、老店，無不蕩漾著長安遺風的味道。

如果你在黃昏時節，找一家老街的居酒屋坐下，要一份傳統的柿葉壽司，溫一壺醇香的春鹿清酒，這一刻，舌尖上是時光繾綣的味道，而輕輕走過的藝伎，會讓你感受到千年古都的風韻。

這就是奈良的靈魂，平靜卻透著靈秀。

如果要尋找奈良的色彩的話，粉色該是奈良的代表色。尤其是在春天裡來到奈良，賞一場櫻花祭，就會明白，粉色，便是為奈良而生。

「奈良的櫻花以八重櫻和九重櫻為主，古寺、神社掩映在櫻花之下，一眼望去皆是深深淺淺的粉紅，一場櫻花雨漫天灑下，落英繽紛，像極了日本純愛電影中的場景，連時光都被渲染成了粉色。」有人曾經這樣描述奈良古都。

在奈良，最出名的看櫻花的聖地莫過於吉野山。吉野山，自古以櫻花而聞名，所有山脈均被認定為世界遺產，有日本「第一賞櫻聖地」的美譽。每到春天，幾萬株山櫻開滿吉野山，被稱為吉野千本櫻。

位於奈良縣中心部的吉野山，融合了山嶽信仰、佛教及道教等宗教的日本獨有山之宗教修驗道的起源地。這個地方是構成世界遺產紀伊山地之靈場和參拜道的聖地之一，滿佈了著名的神社及聖殿。

在八世紀奈良時代，一位修行僧在吉野山上開設了金峰山寺藏王堂，成為吉野山的中心。吉野山的櫻花自從被修行僧指為神木以後，許多信徒就不斷來這裡捐獻櫻樹，逐漸形成了「下千本」

「中千本」「上千本」和「奧千本」等名勝。

山內有金峰山寺的正殿，已經被指定為國寶，這幢木結構建築規模宏大，僅次於奈良的東大寺大佛殿。另外，還有十九世紀末建造的吉野神宮以及曾作為金峰山寺禪房的吉水神社和如意輪寺、金峰神社等。流經山麓的吉野川上游有很大的瀑布。

公元七世紀時，持統天皇就曾多次到吉野山賞櫻花。到平安時代，吉野山則已成為日本首屈一指的賞櫻聖地。吉野山也是後醍醐天皇於一三三六年創立南朝的地方，由此開啟了日本歷史上著名的「南北朝時代」（持續近六十年），後醍醐天皇最後也客死於吉野山。此外，不少日本人崇拜的源義經為躲避哥哥源賴朝的追殺，也曾逃至吉野山，並在這裡與已經懷孕的愛妾訣別。一五九四年，豐臣秀吉還曾在吉野山舉行過盛大的賞櫻會。因此研究日本歷史的學者們，一般也都要到吉野山來追緬一番這段壯烈的歷史。

吉野山的櫻花共有三萬五千多株、二百餘個品種，都是由崇拜山嶽的信徒們捐獻栽種的。櫻花典雅高貴，儀態萬方，其中絕大部分為日本原生的八重白山櫻，而目前已成為日本櫻花主流品種的染井吉野，在這裡卻不是主流，因為染井吉野櫻花是經過了東京的園藝師改良後獲得的新品種。正因為吉野山的櫻花品種繁多，因此當櫻花盛開時，漫山遍野都是雪白與粉紅的一片，遠遠望去，絕不是用一幅畫的美景可以形容。

整座吉野山從山腳到山頂，劃分為四個區域，它們分別叫下千本、中千本、上千本及奧千本，一本就是一棵樹的意思。從三月下旬開始，櫻花由山腳開始開花，然後漸漸沿著山向上開，花期一個月左右，一直到四月下旬結束。綻放的最燦爛的時節，當屬四月上旬。

在吉野山，最美的景色不只是櫻花爛漫的時分，而是四月中下旬櫻花飄零的時節，你可以看到難得的「櫻吹雪」的美景。

三萬多棵櫻花樹上的櫻花齊齊飄落，吉野山變成了粉色花瓣的海洋，山風吹落了一場又一場的落英繽紛。如果你沐浴在山林間的櫻花海中，讓清冽的山氣裹著花瓣雨一片片落在你的身上，你的心中一定會嵌入最美好的記憶。

說了這麼多有關吉野山的故事與美景，那麼去吉野山看櫻花，怎樣走最便捷？我告訴大家兩大路徑，如果你是從大阪出發：那麼要搭乘近鐵南大阪線列車，在大阪阿部野橋車站有直達列車可以駛往吉野站，出了吉野車站，就是吉野山。另一條路徑，是從京都出發：從京都車站乘坐近鐵京都線，到橿原神宮前車站，然後在這一個車站換乘近鐵吉野線，可以前往吉野車站。

到了吉野山，從上山到下山走一圈，大概需要兩個小時。山頂上有餐廳，不過還是需要自己帶一些乾糧和水。沿途處處是景，但是看整座吉野山美景的最佳地方，應該是吉水神社。吉水神社可以看櫻花全景。在吉水神社看櫻花，一次可看見一千多棵盛開的櫻花樹，那一幅美景映入眼簾，估計你是永生難忘。

當然，如果你還有時間，可以在吉野山泡一次溫泉。吉野山的溫泉也十分有名，而且許多的溫泉接納不住宿的遊客。泡在櫻花圍繞的溫泉裡，想像一下，那是一種怎樣的美麗。

日本列島由於狹長，因此櫻花是從南到北盛開，奈良、吉野山和京都、東京的開花時節差不多，最爛漫的時節是四月上旬。如果你趕不及這一時節來日本的話，那麼可以在四月中下旬到日本的東北地區去看櫻花，東北地區的櫻花要開到五一國際勞動節前後。如果是五一節期間來日本的話，你可以追到北海道去看櫻花，函館、札幌、小樽、富良野都是這一時節看櫻花的好去處。

「漢方藥」(中藥)為何會風靡日本

這幾年，日本的藥妝店被我們許多中國人所熟悉。藥妝店是日本的一種特殊的零售業業態，它既不屬於化妝品店，也不屬於藥店，而是化妝品、藥品和洗衣粉醬油等日用生活品混雜在一起的大雜貨店，所以，有了藥妝店這一名稱。

其實藥妝店這一名稱最早是台灣遊客取的。日本人自己沒有這麼一個說法，日本人把這種藥妝店的業態稱為「ドラッグストア」，是從英語 DrugStore 中翻譯過來的。據說早年在歐美，這種藥妝店比較流行。

我們中國遊客去日本掃貨，最愛去的地方就是藥妝店，可以說，你生活中所需要的各種東西，在那裡是應有盡有。而日本人最感到驚訝的是，中國人在這種藥妝店裡買得最多的商品，居然是漢方藥，也就是中國傳到日本的中藥。為甚麼來自老祖宗國家的人會如此喜歡日本的漢方藥？我們有必要來揭開日本漢方藥的神秘面紗。

日本這個國家，早先是沒有用草來治病的概念。生了病就往溫泉裡泡，所以日本自古到今有一種特殊的醫療文化——湯治，湯就是溫泉。根據身體的不同病情去泡各種不同礦物質的溫泉，以此來達到治病的效果。所以，大家就可以理解，日本人為啥那麼愛泡溫泉。

到了隋唐時期，日本開始向中國派遣遣隋使和遣唐使。這些日本大使和和尚們到達長安，看到中國那些黑乎乎的藥丸，感覺十分驚奇，沒有想到大唐人居然把不同的草和樹皮放在一起熬湯就可以治病，而且療效十分明顯。這些日本大使和和尚們拚命想學，但是怎麼也搞不懂這種草和那種草放在一起可以治甚麼病的道理。大唐的皇帝對於朝貢國總是十分慷慨，在日本大使回國的時候，送給他不少宮廷藥局特製的藥丸。而日本大使回國後，就把大唐的這種神奇的藥丸拿出來獻給天皇。於是日本的皇室裡保存了不少中國古代的藥丸。二〇一六年我在奈良市的皇家倉庫——正倉院的展覽中，看到了幾顆唐朝的大藥丸，感動得忍不住落淚，我們中國古代的醫學實在是太偉大了。

日本人雖然在中國難以學到完整的中醫治療的知識，但是他們在回國時把當時中國最重要的兩本中醫書籍背回了日本，一本是《傷寒雜病論》，另一本是《金匱要略》。這兩本書都是東漢時期中國偉大的醫學家張仲景所寫。《傷寒雜病論》共有十卷，記述了一百一十二個藥方，而《金匱要略》是一部論述雜病診治的書。這兩本書都是用古漢語寫的，日本那時候幾乎都是讀漢書和寫漢字，所以，對於他們來說，要看懂這兩本醫藥著作，並不是一件很難的事。

也許是日本天皇沒有那種長生不老的道教思想，因此不迷信煉丹製藥。同時日本的郎中們沒有中國老師的指點，自個兒研究中藥，藥效不明顯。因此，雖然中藥傳入了日本，但是很長一段時間，中藥並沒有在日本得到廣泛的傳播。

一直到中國的明清時期（日本叫江戶時代），日本才形成了漢方醫學。這種漢方醫學在基本概念、診療方法等很多方面，與中國的中醫學呈現出較大的不同，已變成了日本獨有的傳統醫學。

但是進入明治維新時代，由於日本打開國門全盤西化，因此西方的醫學開始進入日本，尤其是使用器械動手術的治療方法，讓日本人大開眼界，覺得西方醫學比漢方醫學先進，療效明顯。因此，在明治時期，日本的漢方藥走向了低谷。

到了昭和時代，尤其是日本投降之後，一些從中國回來的日本兵和商人們帶來了中國的中藥，而且調理身體的效果十分明顯，因此中藥（也就是日本的漢方藥）再度引起人們的追捧，於是在日本市場，漢方藥出現了復興。

對於日本漢方藥製造商們來說，一九六七年是一個特別紀念的日子。在當時日本醫學界有識之士的努力之下，日本國會通過議案，將漢方藥中的中藥材正式列為醫保對象。一九七六年，復方顆粒劑也開始成為醫保藥品，並免除了新藥註冊認證的臨床試驗環節，正式拉開了漢方藥在日本的復興大幕。目前，進入醫保目錄的復方顆粒劑共有一百四十八個品種，明確了成份規格和功能效用的 OTC 漢方製劑共有二百三十六個品種，同時漢方醫學也成為日本所有醫學院的必修科目。

因此，在日本的醫院裡，西醫開中藥方是十分正常的事，因為日本沒有像中國中醫院那樣的專門的漢方藥醫院。所以，從某種意義上來說，日本已經實現了中西醫結合，而且深入日本民眾的日常生活之中。動完癌症手術的患者採用漢方藥輔助治療的案例也越來越多。因為日本人相信，漢方藥更有利於調養身體，平衡健康。

漢方藥之所以能夠風靡日本，除了從中國學習了中醫的根本之外，也藉助了日本自身的研發和先進的製造加工技術。更重要的是，漢方藥的那種特殊的溫和療效，讓西醫盛行的日本，感悟到一種神奇。

據悉，中國的中藥廠有一千五百多家，那麼，日本做漢方藥的藥廠有多少家？全盛期有四十家左右，目前只有十九家。除了領頭羊企業——津村是上市公司以外，其餘大都是中小企業。雖然日本的漢方藥生產企業數量少，但是出口很多。有一種說法：日本的漢方藥已經佔據了國際中成藥市場百分之七十的份額。這一數據是否正確，我無法做出判斷。但是，「日本賣中成藥，中國賣中藥材的格局」如果不改變的話，中國這一中藥老祖宗被日本超越的日子，或許近在眼前。

去日本自助遊必須知道的幾大法寶

三月，日本大部分地區下大雪，在靠近日本海的地區，雪下到了兩米多厚，有幾棟房子被大雪壓塌，十幾艘漁船沉沒。但是，在東京邊上的靜岡縣，櫻花卻開了。這是日本最早盛開的櫻花，整個櫻花林綿長四公里，像豔麗的彩帶。櫻花的盛開，標誌著日本的春天來臨了。

這片櫻花叫河津櫻，因為它盛開在靜岡縣的河津町，河津町有一條河，河的兩邊種植了八百棵河津櫻。

河津町的櫻花品種與平時我們看到的櫻花不同，我們一般看到的櫻花大多數是染井吉野櫻花，而河津町的河津櫻花是一種特殊的品種，顏色接近玫瑰紅，而且花瓣比較大，所以色彩特別豔麗。遠遠望去，整條河就是一個花海，花期大約有三個星期，從二月中旬到三月上旬，加上邊上的油菜花也一起盛開，所以想拍照片的驢友們，到河津町去拍櫻花，能夠拍到油菜花田野上盛開的櫻花。

那麼去河津町怎麼走？其實交通很方便，從東京車站有一趟特快列車，叫「踴り子」號，意思就是「舞女」號。這趟列車的名稱是根據日本著名文學家川端康成的小說《伊豆の踴り子》命名的，《伊豆の踴り子》翻譯成中文就是《伊豆舞女》，山口百惠和三浦友和就是因為主演這部《伊豆舞女》的電影而相愛結婚的。所以，即使不懂日語，去東京車站售票處就寫「踴子」兩個字去買票，保證你能夠買到。

從東京坐上「踴子號」列車，兩個半小時，就可以直達河津車站。出了河津車站，就可以看到美麗的櫻花林。如果你從大阪或者京都方向去河津町的話，坐新幹線到伊豆半島的熱海可以轉車。

去日本自助游，怎樣才能少花錢？

我來講講日本自助游的幾大法寶。

在日本，花錢最多的地方是交通。從東京市中心打出租車或者租一輛麵包車去成田機場接一位朋友，一個來回所需要的車費，就是從北京到東京的一張來回機票錢。所以，如果有朋友租車去機場接你，那絕對是屬於鐵哥們親姐妹關係，一般人做不到。

那麼在日本去各地旅遊，最省錢的交通工具是甚麼呢？是長途汽車。日本的長途汽車不僅乾淨，而且座位相當舒適，許多長途汽車座位之間還有一個隔離，形成一個小小的私人空間，你睡覺的樣子，旁邊的人看不到。日本的長途汽車，可以到達全國大部分城市，而且上車的地方也很多，比如在成田機場、東京羽田機場和東京車站，都有長途汽車前往全國各地。

坐長途汽車有三大好處。第一是便宜。比如說，從東京車站坐新幹線到京都，一般座位的車票要一萬四千日元（約八百五十元人民幣），但是如果坐大巴的話，只需要四千五百日元（約二百七十元人民幣），價格相差三倍。第二是可以節省住宿費。長途大巴一般是夜裡開，晚上十點鐘左右在東京車站坐上大巴，在車裡過一夜，第二天上午七點鐘左右可以到達京都車站。在日本，住最便宜的商務酒店的話，一般一個晚上也需要八千日元（約四百八十元人民幣），這筆錢就可以省下了。第三是節約時間。如果你白天坐新幹線的話，從東京到京都就要三個多小時，本來可以遊玩的半天時間就浪費了。

如果在地方城市旅遊，還想省錢的話，我再告訴大家一個辦法，拿一張紙，用漢字寫上自己要去的城市，站到馬路邊去搭順風車，一般情況下，總是會有日本人停下車來帶你走。但是在東京，因為公共交通很發達，車費也很便宜，沒人會理睬你。

最省錢的交通問題講完了，接下來我給大家介紹最省錢的住宿。

如果你捨不得花大價錢去住酒店旅館，那麼日本有一個地方，既便宜又方便，那就是「カプセルホテル」，カプセルホテル中文翻譯成「膠囊酒店」，或者叫「太空艙酒店」。這種酒店睡覺的地方就像一個膠囊，大約只有三平方米的空間，但是裡面還有小電視機，封閉性特好。住一個晚上一般只需要二千至三千日元（一百二十至一百八十元人民幣）。別小看這種膠囊酒店，它都配有一個熱水澡堂，有專門的休息室可以用餐，行李有寄存。最為關鍵的是，這種酒店基本上在地鐵輕軌車站前，交通十分便利。

當然如果是坐長途大巴在大巴上過夜的話，也不用擔心沒地方洗臉洗澡。日本所有的公共廁所裡都有洗臉的地方，如果你到了溫泉旅遊地，一般只要花四百日元（約二十五元人民幣），就可以走進那些接待散客的溫泉酒店，舒舒服服地泡一次溫泉。如果在東京、大阪、京都這樣的大城市，你可以去找公共浴室洗澡，一次也就四百日元。記住，日本的公共浴室，漢字寫成「錢湯」，但是你一定要寫繁體字「錢湯」，不然日本人看不懂。

接下來聊一下吃飯的問題。因為在日本，吃飯相對來說還是比較貴的，一碗拉麵，一般都五六十元人民幣。但是，日本也有比肯德基和拉麵店更實惠的快餐店，那就是專門吃牛肉飯的快餐店。這種店，大多數在車站附近，一碗牛肉飯，最便宜的只要三百五十日元，也就是二十元人民幣。

如果你還想省的話，那就去二十四小時便利店買一盒方便麵，日本的方便麵做得比中國的方便麵好吃，價格一般十元人民幣不到。便利店裡有熱水供應，你可以花最少的錢吃一碗熱騰騰的拉麵。

當然，來一趟日本，總想吃一頓正宗的日本餐。那麼，最實惠的吃日本餐的地方，就是居酒屋，在日本，居酒屋就是大眾酒場，公司職員們下班後去喝酒的地方。那裡有生魚片、烤魚、各種蔬菜沙拉、烤雞肉等，一般有幾十種菜餚。啤酒和清酒也便宜，一個人吃飽喝足，大概需要三千日元，也就是二百元左右人民幣。但是如果你去高級酒館吃的話，沒有兩三千元人民幣，下不來。

如果你想吃壽司，建議去迴轉壽司店，那裡價格便宜，魚也新鮮。一般一個人二千日元，也就是一百二十元人民幣就可以搞定。

如果你是一位背包客，一位驢友，在日本遇到甚麼困難，包括迷路、生病，遇到危險，最好的辦法不是找中國大使館，因為遠水救不了近火。最好的辦法是找日本警察，在日本，無論是大城市還是小城市，到處都有警察崗亭。只要你跑進警察崗亭，警察就會幫你，你就安全了。

日本是一個社會治安相對好的國家，即使是單身女性到日本旅遊，一般情況下也不會遇到甚麼危險。而且日本小偷很少，所以，盡可以放心地來日本自助旅遊。

日本的櫻花花期每年根據氣候的冷暖有些變化，但是變化不太大。根據常年的花期記錄，一般來說，西南部的九州地區，花開預計是在三月底；東京、京都、大阪，在三月底四月初，櫻花開滿的時節，一般是在四月上旬；櫻花開到東北地區，是在四月下旬；五一國際勞動節的話，可以跑到東北的青森縣和北海道南部的函館市去看櫻花；北海道大部分地區，要到五月中旬，櫻花才會盛開。所以，日本的櫻花期，從二月開始，先後有三個月的時間。

日本做對了甚麼

二〇一八年的最後一次講演，我選擇了北京，題目是：日本如何在海外再造一個「日本」。

為甚麼會選擇在北京講最後一次？因為二〇一八年，中國遭遇了意想不到的事情——美國總統特朗普發動了對中國的貿易制裁——無論是定性為「貿易摩擦」，還是「貿易戰爭」，其實都不重要，重要的是，我們感覺到一種從未有過的壓力，這種壓力不只是來自於白宮，更來自於我們許多中國人的內心——信心的端口。

二戰後，資源貧乏的日本，確立了「貿易立國」的經濟發展道路。日本政府圍繞「貿易」有計劃地安排資源配置、產業升級、對外政策，實現了國民經濟富起來，一躍讓日本經濟成為世界第二大經濟體。

但是，這一政府主導的強勢出口政策，也使日本成為了美國貿易保護的首要打擊對象。自一九六〇年代的紡織品摩擦開始，美日貿易摩擦不斷升級，甚至導致了日本半導體行業的整體衰弱。

七十年代開始，日本認識到大國間的長期、單向貿易逆差不可持續，必然會導致貿易摩擦甚至貿易戰爭，於是改變了國家戰略，改「貿易立國」為「投資立國」。通過第三國出口、現地生產的方式，降低了日美貿易統計上的逆差規模，隱藏日本的真實國際競爭力。

二〇〇五年四月，小泉內閣公佈了《日本21世紀藍圖》，正式明確了國家發展新戰略：「用三十年時間完成「貿易立國」向「投資立國」的戰略性轉型。」這一內閣文件，標誌著日本將「海外投資」上升到關乎國家命運的「百年大計」地位。

十多年過去，日本做得怎麼樣？截至到二〇一七年底，日本海外資產總額已經達到一千零一十二萬億日元（約合五十九點四三萬億元人民幣），為日本二〇一七年國內生產總值（GDP）的一點八五倍；扣除債務後的海外淨資產總額為三百二十八點四五萬億日元（約合十九點二八萬億元人民幣），超出第二位德國百分之二十五點八四，連續二十七年成為全球最大債權國，實現了海外經濟規模與國內旗鼓相當，提前實現了戰略性轉型的目標。

這就意味著，在人們高喊「日本失去了二十年」之時，日本通過各種投資，悄悄地在海外再造了一個「日本」。

中國現在面臨的問題，日本在四十年前的上世紀七十年代，已經遇到。日本採取的對策，在三十多年前已經實施。而我們在過去幾十年中，一直以一種勝利者的姿態，不停地敲打日本，沒有多少心思去認真研究日本戰後經濟復興有過的經驗與教訓。

假如我們一直以一種謙虛的心態看待日本，相遇日本，那麼，我們應該早早可以預見到特朗普的棍子，也可以早早地制定出對外投資的低調戰略。

所以，如何「遇見日本」？這是我們當今需要認真思考的問題。

美國麻省理工大學歷史系教授約翰·道爾先生獲得過普利策獎、美國國家圖書獎和班克羅福特獎，他寫過一本書，叫《擁抱戰敗：第二次世界大戰後的日本》。道爾教授認為，二戰失敗後，日本從一個野蠻、殘忍、險惡而強大的民族，弱化為易於操縱、百依百順和以備享用的女性胴體。而一九六〇年代以後，日本以經濟奇跡風靡和震驚大半個世界，此前一度被麥克亞瑟形容為「四等國家」、「十二歲孩子」的日本，似乎一夜間完成了復仇般的崛起，「領導民族」、「大和魂」等狂妄言論重返歷史舞台。曾經「一億一心」、以「櫻花般純潔、優美凋謝」的日本人轉身擁抱民主、擁抱戰敗，並尋求國家的復興，最終令全世界刮目相看。

所以，我們不能用「幸運」與「忍耐」的字眼來天真、淺薄地評判日本的戰敗文化與復興之路，更多應該從日本的民族性與傳統文化意識、思維模式與行為規則的角度，去詮釋這一個異樣的島國。

進入二〇一九年，我們必須從研究「日本做錯了甚麼」，轉向「日本做對了甚麼」，強化對日本的經驗性研究，把日本如何成為一個繁榮的、民主的現代資本主義國家所走過的路，採取過的策略、制定過的政策、吸取過的教訓、取得過的成就，用現代的理論進行研究解剖，來作為我們中國解決諸多經濟、社會問題的重要參考。

感謝香港中和出版有限公司將我的這一本《日本人的做法》介紹給香港讀者！這本

書只是對於「日本做對了甚麼」的一項平實的探討，有人喜歡，也會有人討厭，青菜蘿蔔各有喜愛，我不會在乎。在乎的，只是有沒有讀者靜心去讀。

二〇一八年十二月聖誕夜寫於北京—東京客機上

責任編輯　許琼英
裝幀設計　彭若東
排　　版　周　榮
印　　務　馮政光

書　　名　日本人的做法
作　　者　徐靜波
出　　版　香港中和出版有限公司
Hong Kong Open Page Publishing Co., Ltd.
香港北角英皇道四九九號北角工業大廈十八樓
http://www.hkopenpage.com
http://www.facebook.com/hkopenpage
http://weibo.com/hkopenpage
香港發行　香港聯合書刊物流有限公司
香港新界大埔汀麗路三十六號三字樓
印　　刷　美雅印刷製本有限公司
香港九龍官塘榮業街六號海濱工業大廈四字樓
版　　次　二〇一九年七月香港第一版第二次印刷
規　　格　三十二開（130mm × 190mm）三五二面
國際書號　ISBN 978-988-8570-15-7